왜 몽골 제국은 강화도를 치지 못했는가

왜 몽골 제국은
강화도를
치지 못했는가

이경수 지음

江華島蒙古

푸른역사

글을 시작하며

제게 만약 태어날 때를 선택할 능력이 있다면 1230년대는 절대로 택하지 않았을 것입니다. 일이 년도 끔찍한데 30년, 보기에 따라 40년 이상의 전쟁판에서 공포에 떨어야 했을 테니까요. 거의 평생을 지옥 같은 전쟁 속에 사는 삶은 생각하기도 싫습니다.

그때 이 땅에는 고려라는 나라가 있었고, 가엾다고 할 수밖에 없는 백성이 있었고, 침략자 몽골이 있었습니다. 몽골군이 쳐들어오자 내 한몸 살고자 도망가는 이가 있었고 항복하는 이가 있었고 더해서 그들의 앞잡이가 되는 이도 있었습니다. 그러나 백성 대부분은 눈물과 탄식 속에서도 저항을 포기하지 않았습니다.

동서양 많은 나라가 몽골이 쳐들어오자마자 무너졌습니다. 버텨낸 나라가 거의 없습니다. 그런데 고려는 수십 년 항쟁을 계속하며 나라를 지켜냈습니다. 이 책에 고려시대 대몽항쟁對蒙抗爭의 다양한 모습을 담았습니다. '백성의 힘'을 바탕으로 장기적인 항전이 가능할 수 있었던 이유를 찾아갑니다.

　대몽항쟁 기간 고려의 도읍지였던 강화도의 존재에 주목합니다. 몽골군은 전 국토를 짓밟았지만, 고려의 심장부인 강화도는 한 번도 공격하지 않았습니다. 그래서 강화도 조정이 오롯이 유지될 수 있었고, 이를 통해 끈질기게 항쟁을 계속할 수 있었습니다.

　궁금했습니다. 몽골군이 강화를 치지 못한 이유가 뭘까? 강화군과 김포시를 잇는 강화대교 길이가 7백 미터 정도에 불과합니다. 한강 다리들보다도 짧습니다. 아무리 물을 무서워한다고 해도 그렇지, 이렇게 좁은 바다를 왜 못 건넌 걸까? 몽골군은 정말 수전水戰 능력이 없던 것일까? 몽골군은 강화도를 치지 못한 것인가[can not], 치지 않은 것인가[do not]?

　이제 궁금증을 풀어갑니다. 몽골군의 침략 과정과 그들의 강약強弱, 강화도의 지형조건, 조정의 방어대책, 육지 백성의 항전 역량 등을 중심으로 정리하면서 고려의 저력을 확인했습니다. 그리고 제 나름의 결론에 이르렀습니다. 몽골군은 강화도를 치지 못했다!

　고려 정부가 몽골의 침략에 맞서 강화도로 천도한 것은 역사적 사실fact입니다. 몽골군이 강화도를 안 친 것인지, 못 친 것인지는 평가나 해석에 가깝습니다. 객관적인 정답이 없다고 하는 것이 적절합니다. 개인의 생각과 관점에 따라 다르게 평가할 수 있습니다. 역사학자들의 의견도 'can not'과 'do not'으로 나뉩니다.

　일제강점기부터 1960년대까지 우리 역사학계는 고려의 대몽항쟁을 긍정적으로 평가했습니다. 몽골이 강화도를 치지 못했다고 했습니

왜 몽골 제국은 강화도를 치지 못했는가

다. 그러나 1970년대 이후부터 몽골이 강화도를 공격하지 못한 게 아니다, 안 한 것이다, 라는 연구가 나오기 시작했습니다. 대몽항쟁 자체에 대한 비판적인 분석도 다양하게 이루어졌고요. 요즘은 몽골이 최선을 다하지 않았을 뿐이다, 강화도를 치지 않은 것이다, 라는 견해가 주류를 이루고 있는 것 같습니다.

"더러는 아직까지도 몽골군이 강화도를 직접 치지 않은 것을 몽골인들의 물에 대한 공포water risk 때문인 것으로 해석해보려는 지극히 소박한, 구태의연한 아마추어적인 견해를 고수하는 경우도 있으나 이는 잘못된 일이다"라는 어느 학자의 주장 속에는 단호함이 배어 있습니다.

그럼에도 저는 'do not'을 말하는 일반적인 학설에 대해 반박을 시도했습니다. 몽골은 강화도를 치지 못했다고 말합니다. 그러나 'can not'이라는 결론을 강권할 의도로 글을 쓴 것은 아닙니다. 그냥, 누구나 한 번쯤 가져봤을 법한 의문을 따라가면서 고려시대 그리고 그 시대 속에서의 항쟁사抗爭史를 조금 더 깊게 들여다보고, 조금 더 넓게 파악해보자는 마음을 담았습니다. 판단은 독자의 몫이라고 생각합니다.

이 원고는 오래전에 썼던 대학원 졸업논문을 기초로 삼았습니다. 격식 갖추기에 급급했던 허술한 논문이었지만, 그래도 이 책의 뼈대는 그때 어느 정도 이루어진 셈입니다. 이후 독자의 눈으로 따져보며 틀을 재구성하고 살을 입혀가면서 여기에 이르렀습니다. 이러한 과정을 거쳐오는 동안 많은 분의 도움을 받았습니다.

선행 연구자들의 업적이 디딤돌이 되고 나침반이 되었습니다. 특히 윤용혁 교수의 《고려대몽항쟁사연구》에서 큰 가르침을 얻었습니다. 인용 근거를 정확히 밝혀야 도리이지만, 독자들이 부담 없이 읽을 수 있도록 하자는 생각에서, 주註를 표기해야 할 곳에 연구자분들의 이름만 적었습니다. 예의가 아님을 알기에 마음이 무겁습니다. 부디 혜량해주시기를 부탁합니다.

강화역사문화연구소 김형우 소장은 공부할 자료들을 구해주었고, 초고草稿의 미흡한 내용과 부적절한 표현들을 바로잡을 수 있게 해주었습니다. 제가 아끼는 동료 조성희, 박윤식 선생님은 지도 제작과 한문 번역 등 원고 작업을 도와주었습니다. 아내 안수자는 얼굴 한 번 온전히 바라보지 않고 책만 파는, 멋대가리 없는 남편을 따뜻하게 감싸주었습니다. 어머니, 어머니는 자식 건강 걱정으로 오늘도 부엌을 떠나지 못하십니다.

2011년 한 해 동안 책 읽고 전국 대몽항쟁의 현장을 답사하며 사진 찍고 글 쓰고 그렇게 살았습니다. 이 원고를 키워 가는 데 큰 보탬이 됐습니다. 'NTTP 연구년'이라는 귀한 기회를 주셨던 경기도교육청에 감사드립니다. 직장을 떠나 있어 보니, 내 일터가 얼마나 소중한 삶의 무대인지 알게 되었습니다. 격려를 아끼지 않았던 양곡고등학교 식구들에게도 늦게나마 고마움을 전합니다.

원고를 준비하던 과정보다 고운 책으로 만들어줄 인연을 만나기가 더 어려웠습니다. 푸른역사에서 원고를 받아주었습니다. 두 팔 벌려 품

왜 몽골 제국은 강화도를 치지 못했는가

어준 사랑에 고개 숙입니다. 평소 선망하던 출판사에서 책을 내게 되어 설렙니다. 부디 이 책이 푸른역사에 누가 되지 않기를 빌어봅니다.

《왜 몽골 제국은 강화도를 치지 못했는가》, 이 책을 아버님 영전에 올립니다.

2014년 2월

고려궁지 아랫동네

이경수

차례

프롤로그_
그때의 고려, 그때의 몽골

무신정변이 일어나고 60년 세월, 고려의 정권은 이의방, 정중부를 거쳐 최우에게 왔다. 몽골에
서는 칭기즈 칸이 죽고 그의 아들 오고타이가 두 번째 칸으로 즉위했다. 칭기즈 칸 때 벌어진
저고여 피살 사건은 오고타이 때 와서 고려 침략의 빌미가 된다.

염하(강화해협)

●
누가
저고여를
죽인 것일까

몽골의 고려 침략이 시작된 때는 1231년(고종 18)이다. 그 이전에도 고
려와 몽골의 접촉이 있었으나 본격적인 전쟁은 1231년에 시작된 것
으로 본다. 몽골은 자국 사신인 저고여著古與의 피살 사건을 침략의 구
실로 삼았다. 제 나라 사신을 고려가 죽인 것에 대한 책임을 묻는다는
모양새였다.

몽골 침략 6년 전인 1225년, 고려에 사신으로 왔던 저고여가 제 나
라로 돌아가던 중 압록강가에서 죽임을 당한 일이 있었다. 《고려사》
는 그 사정을 이렇게 전한다.

> 몽고蒙古의 사신이 서경을 떠나 압록강을 건너면서 국가의 공식 예물인 수
> 달 가죽만 챙기고 나머지 비단 등의 물품은 모조리 들판에 버리고 갔는데
> 이들이 도중에 도적들에게 살해당하는 사건이 발생했다. 몽고에서는 도리
> 어 우리를 의심해 결국 국교가 단절되고 말았다. [1225년 1월 16일]

저고여를 죽인 사람이 누구인지 알 수 없지만, 고려의 누군가가 그

왜 몽골 제국은 강화도를 치지 못했는가

를 살해했을 가능성이 없지는 않다. 몇 차례 사신으로 왔던 저고여가 지나치게 무례했고, 올 때마다 가혹한 공물을 요구해 고려 조정의 분노를 샀기 때문이다.

그러나 저고여를 죽인 것은 고려가 아니라 금金나라(1115~1234)나 동진국東眞國일 확률이 훨씬 높다. 고려와 몽골의 관계를 악화시키려는 그들의 모략일 가능성이 크다는 얘기다. 그럼에도 몽골은 고려가 자기네 사신을 죽였다고 일방적으로 지목하고 쳐들어왔다.[강진철]

몽골 침략 다음 해인 1232년(고종 19)에 고려 조정은 개경에서 강화도江華島로 도읍을 옮기고 대몽항쟁을 공표한다. 강도江都시대, 강화경江華京시대가 시작된 것이다. 고려가 몽골과의 전쟁을 끝내고 화의和議를 맺는 시기는 1259년(고종 46)이며, 강화도 조정을 개경으로 되옮긴 때는 1270년(원종 11)이다.

몽골에 대한 항전 기간은 1231년부터 1259년까지 29년간이었고, 강화도 정부가 지속된 시기는 1232년부터 1270년까지 39년간이었다. 개경 환도가 이루어진 1270년까지 항쟁이 계속된 것으로 보게 되면, 그 기간은 1231년부터 1270년까지 40년이 된다.

한편, 고등학교 국사교과서(2010)에는 고려가 '40여 년 동안 몽골과 전쟁을 벌였다'라고 쓰여 있다. 이는 삼별초 항쟁(1270~1273)까지를 대몽항쟁기로 파악해서 1231년부터 1273년까지 43년간을 전쟁 기간으로 본 것이다.

●
고려는
무신들의
세상이었다

태조 왕건王建(재위 918~943)이 승하하고 나서 고려 왕조는 왕위를 둘러싼 분쟁으로 혼란에 휩싸이게 된다. 이러한 초기의 혼란을 수습하고 왕권을 안정시킨 인물이 네 번째 임금 광종光宗(재위 949~975)이다. 그는 노비안검법奴婢安檢法과 과거제 시행 등의 정책을 펼쳐 호족세력을 약화시키고 왕권을 강화했다. 노비안검법은 본디 평민이었는데 불법적인 방법으로 노비가 돼버린 사람들을 밝혀내 원래의 신분을 되찾아주는 제도다.

정통 왕조시대에는 왕권이 강해야 나라가 안정되고 발전을 이룰 가능성이 커진다. 왕권이 너무 유약하면 나라에 중심이 서지 않고 배가 산으로 가기 쉽다. 여섯 번째 임금 성종成宗(재위 981~997)은 광종의 개혁을 바탕으로 중앙과 지방의 행정 조직을 정비하면서 나라의 기틀을 굳게 다진다. 왕의 명을 받아 백성을 통치하는 지방관을 주요 지역에 파견하면서 중앙집권화가 가능해졌다. 이로써 고려는 안정기에 접어들었다. 성종 통치기부터 백여 년 동안 고려는 거란의 침략을 막아내고 여진과 전쟁을 치르면서도 큰 혼란 없이 성장했다.

그러나 인종仁宗(재위 1122~1146)대에 이자겸의 난(1126)을 시작으로 고려 왕권은 흔들리게 되고 그 여파로 묘청의 서경천도운동(1135)까지 겪게 된다. 마침내 열여덟 번째 임금 의종毅宗(재위 1146~1170)대에 이르러 무신정변(1170)을 맞게 된다. 이의방·정중부 등이 주도한 무신정변으로 고려 사회는 무신들이 권력을 쥐고 나라를 다스리는 무신 정권시대를 맞게 되었다. 무신들이 정권을 장악했던 이 시기를 흔히 '무신집권기'라고 부른다.

칼로 잡은 권력은 또 다른 칼의 도전을 받는 법, 무신정권 실력자들의 권력 다툼으로 고려 사회는 어수선하기만 했다. 최초의 집권자는 이의방이었다. 이의방을 이어 정중부·경대승·이의민이 차례로 권력을 잡게 된다. 이때의 임금은 명종明宗(재위 1170~1197)이었다. 무신들에 의해 왕위를 얻은 명종은 재위 기간 내내 계속 바뀌는 실권자들과 만나야 했다. 명종 재위의 막바지 무렵인 1196년(명종 26)에는 최충헌이 이의민을 죽이고 권력을 잡게 된다.

최충헌崔忠獻(집권 1196~1219)의 권력은 마치 왕처럼 그의 후손들에게 이어졌다. 그래서 최우(집권 1219~1249)·최항(집권 1249~1257)·최의(집권 1257~1258)가 차례로 집권하게 된다. 최우·최항·최의가 집권할 때 고려 임금은 고종高宗(재위 1213~1259)이었다. 최우崔瑀는 최충헌의 아들로, 나중에 이름을 최이崔怡로 바꿨다. 최우의 아들이 최항崔沆이고, 최항의 아들이 최의崔竩이다. 이때를 최씨 정권 또는 최씨 무신정권시대라고 한다. 백성들의 삶이 나아진 것은 거의 없지만, 중앙 권력은 안정된 시기였다.

무신정권은 최의에서 끝난 것이 아니다. 그를 이어 차례로 김준(집권 1258~1268)·임연(집권 1268~1270)·임유무(집권 1270)가 실권을 잡

___ 최충헌 묘지석

묘비석墓碑石은 봉분 앞에 세우지만, 묘지석墓誌石은 무덤 안에 묻는다. 묘
지석에는 죽은 이의 인적사항 등을 기록한다. 최충헌 묘지석의 크기는 가
로 109㎝, 세로 61㎝이다.___

왜 몽골 제국은 강화도를 치지 못했는가

___ 청자진사연화문표형주자

강화도 최항의 묘에서 출토되었다고 한다. 그러나 지금 최항의 묘가 어디
에 있는지 정확히 알 수 없다. 삼성리움미술관에서 소장하고 있다. 국보 제
133호___

았다. 그러나 이 시기는 무신정권의 해체기라고 할 수 있다. 집권자의 힘은 예전만 못했고, 상대적으로 문신세력의 발언권이 강해졌다. 이 때의 임금은 원종元宗(재위 1259~1274)이었다.

그러니까 고려 무신집권기는 1170년부터 1270년까지, 이의방-정중부-경대승-이의민-최충헌-최우-최항-최의-김준-임연-임유무, 이렇게 11명의 집권자를 내며 백 년 간 지속되었던 것이다. 고려가 몽골의 침략을 겪게 되는 때는 무신정권시대, 최우의 집권기부터였다. 최우가 권력을 장악하고 있을 때, 몽골의 1차 침입과 강화講和, 강화도 천도, 몽골의 2·3·4차 침입이 있었다. 최항과 최의의 집권기에는 몽골의 5·6차 침입이 있었다. 김준 집권기에 몽골과 화의가 성립되었고, 임유무 때 개경 환도가 이루어진다. 개경 환도는 몽골과의 전쟁이 사실상 끝났음을 뜻하는 동시에, 무신정권이 막을 내렸음을 의미한다.

●
몽골인가
원인가

고려에 무신정권이 들어서고 지배층이 권력 다툼을 벌이는 사이에 나라 밖에서는 몽골이 세운 원나라가 세계적인 대제국으로 성장하여 고려를 위협하고 있었다. 고려의 군대와 백성들이 충주성에서 몽골군의 공격을 끝까지 막아내자, 몽골군은 고려와 타협하고 물러갔다. 이듬해 고려는 도읍

왜 몽골 제국은 강화도를 치지 못했는가

을 강화도로 옮기고 몽골군과 계속 싸우기 위한 준비를 했다.

초등학교 5학년 사회교과서에서 옮겨온 글이다. '몽골이 세운 원나라'가 고려에 쳐들어왔다는 내용이다. 고려를 침략한 나라는 몽골일까, 원나라일까?

우리는 흔히 '몽골 제국'과 '원 제국'을 같은 것으로 여긴다. 몽골 제국에 원을 포함하기도 하고, 원 제국에 몽골을 포함해서 말하기도 한다. 굳이 틀렸다고 할 수는 없지만, 그래도 두 나라를 시기적으로 구분해서 파악할 필요는 있다. 고려를 침략했던 나라는 몽골이다. 원元이라는 나라는 고려가 몽골에 항복한 이후에 등장한다. 이제 주요 사건의 발생 순서대로 두 제국의 관계를 살펴보자.

테무친[孛兒只斤 鐵木眞]이 몽골의 칸으로 추대된 것은 28세 때인 1189년이다. 그로부터 17년 만인 1206년에는 전체 몽골족을 통합하고 대칸[大汗](재위 1206~1227)의 지위에 오른다. 완전한 '칭기즈 칸'이 된 것이다. 그가 서하西夏(탕구트) 공격을 시작으로 대외원정에 나서게 되는 것이 1205년이다. 금을 공격하기 위한 발판을 만들기 위함이었다.[강톨가] 1211년에는 금나라에 대한 공격을 개시하고, 1219년에는 호레즘으로 쳐들어갔다.

칭기즈 칸은 대외원정을 통해 늘어나는 영토를 자식과 형제들에게 몇 차례에 걸쳐 나누어 주었다. 아들들에게는 몽골 본토의 서쪽 지역을 주로 분봉分封했고, 동생들에게는 동쪽 지역을 분봉했다. 정복지 분봉 정책은 전쟁 참여에 대한 포상의 성격도 있었다.[윤은숙] 이후 주

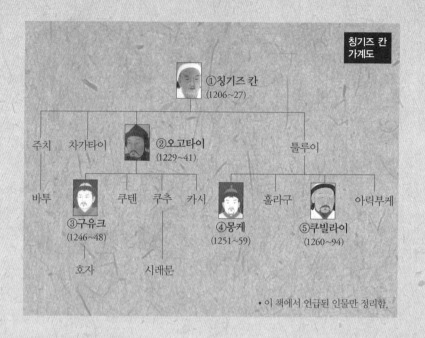

①칭기즈 칸
(1206~27)

주치 차가타이 ②오고타이 툴루이
(1229~41)

바투 ③구유크 쿠텐 쿠추 카시 ④몽케 훌라구 ⑤쿠빌라이 아릭부케
(1246~48) (1251~59) (1260~94)

호자 시레문

• 이 책에서 언급된 인물만 정리함.

치·차가타이·오고타이·툴루이, 이렇게 네 아들이 받은 땅에 각각의 나라가 들어서게 된다.

큰아들 주치는 아버지인 칭기즈 칸보다 먼저 죽는다. 그래서 칭기즈 칸은 주치의 아들 바투에게 뒤를 잇게 한다. 바투가 1242년에 세운 나라가 킵차크 한국汗國이다. 차가타이의 땅에서 차가타이 한국이, 오고타이가 받은 땅에서 오고타이 한국이 세워진다. 오고타이 한국은 나중에 차가타이 한국에 병합된다.

몽골 제국 하면, '4한국' 또는 '4칸국'이라는 말이 떠오르는데, 나머지 한 나라는 어디일까? 그 나라는 일 한국이다. 몽케가 몽골 제국

왜 몽골 제국은 강화도를 치지 못했는가

의 칸으로 즉위하고 나서 동생인 훌라구에게 이슬람 지역 나라들을 정복하게 했다. 훌라구는 1258년에 바그다드를 함락하고 셀주크튀르 크를 멸망시킨다. 훌라구가 정복한 땅에 일 한국이 들어섰다. 이로써 '4한국'이 성립하게 된 것이다. '4한국'은 하나의 나라처럼 몽골 제 국 칸의 영향력 아래 있었다. 그러나 시간이 가면서 각각 별개의 나라 로 변해가게 된다.

칭기즈 칸의 막내아들인 툴루이가 받은 땅에 대해서 알아볼 차례 다. 툴루이가 받은 땅은 몽골 본토다. 몽골에는 막내아들에게 '화로火 爐'를 물려주는 풍속이 있다. 실내를 따뜻하게 하는 화로는 집안에 있 기 마련이다. 화로는 집안을 상징하며 집안은 곧 그들 삶의 본거지를 뜻한다. 그래서 툴루이가 몽골 땅을 상속받은 것이다. 몽골 본토는 다 시 툴루이의 막내아들인 아릭부케에게 주어졌다. 그런데 툴루이의 3 남인 쿠빌라이가 그 땅까지 영역을 넓히고 1271년에 새 나라를 연다. 바로 원元나라다.

이제 칭기즈 칸 이후 칸위 계승 과정을 통해 몽골과 원의 관계를 되 짚어 보도록 하겠다.

1227년, 칭기즈 칸이 서하를 정복하고 죽었다. 1229년, 몽골 제국 의 두 번째 칸으로 오고타이(태종, 재위 1229~1241)가 즉위한다. 이때 부터 고려는 몽골의 침략을 받게 된다. 1246년, 오고타이의 아들 구유 크(정종, 재위 1246~1248)가 몽골 제국의 세 번째 칸이 된다. 그런데 재 위 3년 만에 별안간 사망하고, 툴루이의 아들 몽케(헌종, 재위 1251~ 1259)가 4대 칸에 오른다.

___ 훌라구의 바그다드 점령을 묘사한 그림
몽케의 명을 받고 이슬람교도의 나라들로 쳐들어간 훌라구는 1257년 11월에 바그다드 공격을 시작
했다. 1258년 2월, 훌라구는 바그다드를 점령했다.___

1260년, 몽골 제국의 5대 칸으로 원 세조 쿠빌라이(재위 1260~1294)
가 즉위한다. 그는 형제 간에 극한 대립을 겪으며 칸이 되었으며, 즉
위 이후에도 반대세력의 저항 때문에 여러 해 동안 칸 자리를 위협받
았다. 혼란을 수습한 쿠빌라이는 심기일전하는 마음으로 카라코룸에
서 대도大都[북경]로 도읍을 옮겼다. 그리고 1271년에 국호를 대원大元
으로 정했다. 원나라가 시작된 것이다.

앞 시기의 칸들은 연호年號를 사용하지 않았으나 쿠빌라이는 '중통
中統', 이어서 '지원至元'이라는 중국식 연호를 택했다. 원이라는 나라

왜 몽골 제국은 강화도를 치지 못했는가

___몽골 제국의 영역
몽골 부족을 통합한 칭기즈 칸이 서하를 정복하고, 그의 자손들이 4한국을 세웠다. 오고타이는 여진
의 나라 금을 멸망시켰고, 쿠빌라이는 남송을 굴복시켰다.___

이름 역시 중국식으로 정한 것이다. 이는 큰 변화를 의미한다. 쿠빌라
이가 나라의 중심을 몽골 본토에서 북중국으로 옮겨 대도를 수도로
하고 중국식 국호와 연호를 제정한 것은, 중국을 직접 지배의 대상으
로 삼고자 했기 때문이다. 유목사회의 전통적 통치 방식만 고집하지
않고 농경사회의 정치체제까지 받아들인 것이다.

쿠빌라이는 원나라가 다른 칸국들보다 우월한 지위를 유지하려면
세력을 더 확대해야 한다고 생각했다. 그래서 남송南末 정벌에 매진하
게 되었고 1279년에는 마침내 남송을 멸망시켰다. 남송의 넓은 영

토·자원·인구, 이를 포괄하는 경제력 그리고 역사문화 전통까지 모두 원나라로 흡수된 것이다.

쿠빌라이 즉위 과정에 있었던 왕족들 간의 반목과 무력충돌 탓에 몽골 제국의 균열이 뚜렷해졌다. 4한국은 몽골 제국과 별도의 독립정권이 되어갔다. 결국, 쿠빌라이는 원나라의 시조이자 몽골 제국의 마지막 칸이라고 할 수 있겠다. 칭기즈 칸을 원의 시조라고 하면서 태조 太祖로 칭하는 것은 나중에 그렇게 추존追尊되었기 때문이다. 칭기즈 칸은 원元을 모른다.

원은 1368년에 망하고 뒤를 이어 명明이 들어선다. 당·송·명·청 등 중국 역대 왕조가 대략 3백 년 정도 지속된 데 비해 원은 98년간, 칭기즈 칸의 즉위부터 따져도 163년간 유지되는 데 그치고 말았다.

●
주변 나라들의
흥망

그러면 몽골의 동아시아 침략 과정은 어떠했을까?

왕건이 고려를 세울 당시, 중국에는 통일 왕조가 없었다. 당唐나라(618~907)가 망한 이후 여러 나라가 생겨나 서로 싸우는 분열의 시대였다. 이를 5대10국시대(907~960)라고 한다. 화북 지방에서 나라를 이어간 다섯 왕조[후량-후당-후진-후한-후주]가 5대다. 10국은 남중

___사자빈신사지석탑

기단에 79자의 글이 새겨져 있다. 그 명문을 통해 1022년(현종 13)에, 원적怨敵이 영원히 소멸되기를 바라는 염원 등을 담아, 세운 탑임을 알 수 있다. 비를 세우기 3년 전인 1019년(현종 10)에 강감찬이 귀주에서 거란을 크게 무찌른 점으로 보아 '원망스러운 적'은 거란을 가리키는 것으로 보인다. 충북 제천시 한수면에 있다. ___

국 일대에 섞여 있던 열 개의 나라를 말한다. 5대10국의 혼란을 끝내고 중국을 다시 통일한 나라가 송宋(960~1279)이다. 송이 건국될 때, 고려의 군주는 광종이었다.

이때 중국의 북쪽에는 북방 유목민족이 살고 있었다. 거란족, 여진족, 몽골족이 그들이다. 이들 가운데 거란이 먼저 강성해졌다. 야율아보기는 5대10국의 혼란을 이용해 거란 부족을 통합하고 907년에 나라를 세웠다. 그들은 여진과 몽골을 관리했으며 926년 발해渤海

(698~926)를 멸망시켰다. 이어서 936년에는 5대의 하나인 후진에 군사원조를 해준 대가로 연운16주를 받아 만리장성 남쪽으로 영역을 넓혔다. 937년에는 국호를 거란에서 요遼로 바꿨다.[김안국] 송을 공격해 승리하기도 했으며 고려에도 여러 차례 쳐들어와 위협을 가했다. 이에 맞선 서희徐熙(942~998)와 강감찬姜邯贊(948~1031)의 활약이 잘 알려져 있다.

1107년 고려 윤관尹瓘(1040~1111)은 별무반을 이끌고 여진을 정벌한다. 그리고 빼앗은 땅에 동북9성을 쌓았다. 여진은 고려에 자신들의 땅을 되돌려줄 것을 읍소했다. 고려는 우여곡절 끝에 땅을 돌려주었다. 그런데 몇 년 후 아구다完顔阿骨打가 여진 부족을 통합하고 금金(1115~1234)을 세웠다.

금은 '함께 요를 치자'는 송의 제의에 따라 요나라를 공격해서 1125년 멸망시켰다. 요를 멸망시킨 금은 1127년 송까지 점령해 거대한 나라로 우뚝 선다. 금나라에 망한 송이 강남 지방으로 내려가 다시 나라를 여니 이를 남송이라고 한다. 그러니까 금에게 멸망하기 이전의 송은 북송(960~1127), 멸망 이후의 송은 남송(1127~1279)이 되는 것이다.

금나라는 나라를 세우고 나서 고려에 형제관계를 요구했으며, 1126년(고려 인종 4) 요를 멸망시킨 후에는 군신관계君臣關係를 요구해왔다. 고려는 금의 요구를 받아들였다. 고려가 금의 신하국임을 인정한 것이다. 한편, 묘청은 서경 천도를 추진하면서 칭제건원稱帝建元과 함께 금국 정벌을 주장했다. 고려 조정의 대금외교對金外交 정책에 대한 반발이었다. 그러나 묘청은 실패했다.

그러면, 이 막강했던 금나라를 멸망시킨 것은 누구인가? 바로 몽골이다. 몽골은 금나라를 멸망시켰고 마침내 남송까지 정복하게 된다. 금이 망한 1234년은 몽골이 고려와도 전쟁을 벌이던 시기다. 좀 더 자세히 이 시기를 말하면, 몽골의 2차 고려 침입이 끝나고 3차 침입이 시작되기 전, 일시적인 평화기였다.

몽골이 남송 전쟁을 시작한 때는 1235년이다. 금을 정복하자마자 남송에 대한 공격을 개시한 것이다. 남송군이 효율적으로 몽골군을 막아내면서 전쟁은 장기화됐다. 몽케 칸이 직접 전투에 참여했다가 병에 걸려 죽을 만큼 남송 정벌은 힘겨웠다. 몽골은 고려에도 계속 군대를 투입했다. 남송이 멸망했을 때에는 고려의 항쟁도 끝나 있었다. 고려의 도읍은 강화도에서 다시 개경으로 옮겨 있었다.

대몽항쟁 기간 초반에 몽골은 금 정벌에 더 큰 힘을 쏟고 있었고, 그 이후에는 남송 정벌에 더 신경을 쓰고 있었다. 그래서 상대적으로 적은 병력으로 고려를 공격했다. 그렇다고 해서 고려를 침략했던 몽골의 군사력을 과소평가할 수는 없다. 그들은 동·서양 구석구석을 누비며 혁혁한 전과를 거두던 세계 최강 군대였다.

고려의 대對몽골항쟁을 둘러싼 시대적 배경과 공간을 개괄적으로 훑어보았다. 이제 몽골인들의 유목생활이 군사적으로 어떤 특성을 갖는지 살펴보면서 논의의 중심으로 들어가보자.

유목민의 땅과 바다

몽골초원 ©명재욱

누가 그들을 이길 수 있을까. 땅은 넓고 몽골군은 강했다. 동서남북 거침이 없었다. 무슨 복인가, 말들까지 잘 달렸다. 그들의 말발굽 아래 무릎 꿇지 않는 나라가 없었다. 그래도 아킬레스건은 있었다. 물에 대한 두려움이었으니, 고려에 햇살이 비친다.

넘볼 수 없는 기동력

몽골군은 25년이라는 짧은 기간 동안 로마군이 4백 년 동안 정복한 것보다 더 많은 땅과 사람을 정복했다고 한다.[잭 웨더포드] 믿기지 않는 전과戰果를 올릴 수 있었던 비결은 무엇일까? 로마 제국이 멸망한 원인을 한두 줄로 정리할 수 없는 것처럼, 몽골의 엄청난 영토 확장 비결 역시 몇 마디로 설명할 수 없다.

지도자의 능력, 탁월한 전략전술, 정보 수집과 활용 능력, 병사 개개인의 전투 수행 능력, 말[馬]과 기동력⋯⋯. 나는 이 가운데 몽골군의 마상전투馬上戰鬪 능력과 기동력에 높은 점수를 주고 싶다. 그들의 전투력과 기동력을 말할 때, 말을 빼놓을 수가 없다.

말이 아직 야생동물이던 시절의 어느 날, 말이 먹을 풀을 사슴이 다 뜯어 먹었다. 화가 난 말이 사슴을 뒤쫓았지만 놓치고 말았다. 말이 사람에게 와

왜 몽골 제국은 강화도를 치지 못했는가

서 물었다. 어떻게 하면 사슴에게 복수할 수 있겠느냐고. 사람이 대답했다. "네가 자갈을 감당할 수 있다면 내가 너를 타고 원수를 갚아주마." 원수를 갚아주겠다는 소리에, 말은 기꺼이 안장과 굴레를 받아들였다. 이리하여 말은 인간의 탈것이 되었고, 인간은 말을 타고 사슴 사냥에 나섰다.

몽골에서 전해져 내려오는 이야기다.[장장식] 몽골인이 처음으로 말을 길들여 탈것으로 삼은 것은 아니지만, 이야기 속에 기마인騎馬人으로서의 자부심이 배어 있다. 그들은 걸음마를 시작하는 나이부터 말을 타기 시작한다. 그래서 머지않아 말이 신체 일부처럼 자연스러워진다고 한다. 말등에 앉는 순간, 말과 사람이 아니라, 그냥 네 발 달린 사람이 되는 셈이다.

몇 년 전 겨울에 직장 동료의 결혼식에 참석하려고 제주도에 갔다. 이왕 가는 김에 바다 구경이라도 하려고 1박2일로 일정을 잡았다. 그러나 이틀 동안 내내 폭설이 내렸다. 제주도에 폭설이라니, 우리 일행은 기막혀 했다. 눈에 길이 막혔고, 그래서 우리가 겨우 볼 수 있었던 것은 몽골 젊은이들이 펼치는 마상쇼였다. 그들의 재주는 눈부셨다. 서커스 이상 가는 곡예를 펼쳤다. 안장에 앉아 있던 사람이 별안간 달리는 말의 옆구리에 붙었다가 궁둥이에 붙었다가 다시 등에 올라앉았다.

공연장에서 말 곡예를 재미있게 보다가 '만약 저들이 그 옛날 몽골의 전사라면' 하는 생각을 했다. 나는 어느 성을 지키는 병사다. 몽골군이 말을 타고 무섭게 달려오고 있다. 나는 화살을 매기고 적을 기다리고 있다. 사정거리쯤에 몽골군이 들어왔다. 쏘려는 순간 내가 조준했던 병사의 모습이 보이지 않는다. 그저 성난 말들만 돌진해오고 있을 뿐이다. '뭐야, 어디 갔지?' 하며 병사를 찾는 사이, 그들은 이미 성 밑에 도달하고 있었다. 타고 있는 말의 배 밑에 매달려 있던 몽골 병사를 보지 못한 것이다.

《고려사》를 보면 1236년(고종 23)에 전공렬全公烈 등이 고란사 산길에 매복하고 있다가 몽골병 20기騎를 공격해 두 명을 죽이고 병장기와 말 20여 필을 노획했다는 기록이 나온다. 몽골병 20명과 싸운 전투인데, 그들로부터 빼앗은 말은 20필이 넘었다. 몽골 병사 한 명당 두 마리 이상의 말을 가지고 있었던 것이다.

그랬다. 몽골 병사들은 한 명이 4~5마리 정도의 말을 끌고 전장에 나아갔다. 많을 때는 7~8마리나 됐다. 여러 마리를 돌려 타면서 말이 지치지 않도록 한 것이다. 데리고 간 모든 말을 동시에 전투에 투입할 수도 있었을 것이다. 몽골군 천 명이 저마다 네 마리의 말을 몰며 돌진해오고 있다고 가정해보자. 수비병에겐 4천 명의 적으로 보인다. 몽골군이 이 말에서 저 말로 물 흐르듯 몸을 옮겨가고 있다면 수비병의 혼란은 더욱 심해진다. 몽골의 군마 한 마리 한 마리가 모두 병사였다고 해도 틀리지 않을 것이다.

말은 군사들에게 먹거리도 제공한다. 말젖은 훌륭한 식량이 된다. 절박한 상황에서 몽골 군사들은 말의 피를 뽑아 먹기도 했다. 적정한 분량의 피를 뽑는다면 말의 생명에 지장을 주지 않는다고 한다. 말을 잡아 그 고기를 비상식량으로 쓰기도 했다.

왜 몽골 제국은 강화도를 치지 못했는가

그러면 그 많은 말의 먹이는 어떻게 해결했을까? 몽골군은 전장에 나서면 우선 목초지를 확보했다. 그 지방의 기후에 따라 쉬운 곳도 있고 어려운 곳도 있다. 목초지 확보가 어렵다 쳐도 크게 문제 되지 않았을 것이다. 정복한 지역의 주민들로부터 건초 같은 말 먹이를 징발했기 때문이다. 극한 상황이라고 해도 몽골말은 며칠을 능히 견뎌낼 수 있다. 겨울에도 눈 속을 파헤치고 풀을 찾아 뜯으며, 자신을 지켜낸다.

말 그대로 천리마, 몽골말

텔레비전으로 종종 만나는 말들은 진짜 멋지다. 잘생기고 늘씬하며 어딘지 세련되어 보인다. 말과 사람의 교감을 아름답게 그린 〈각설탕〉(2006)이라는 영화에 나왔던 녀석도 참 멋졌다. 그런데 몽골말은 다리가 짧아 뭉툭하다. 다 자란 녀석도 키가 130센티미터 정도밖에 되지 않는다고 한다. 얼굴도 투박해 보인다. 한마디로 볼품없다. 그러나 강인하다.

평범한 말이라도 하루에 150킬로미터 정도를 달린다. 잘 달리는 녀석들은 하루에 500킬로미터를 달릴 수 있다고 한다. 그래서 몽골 군대는 하루에 200~300킬로미터를 이동하는 기동력을 과시했다.[배석규] 몽골말은 그냥 잘 달리기만 한 것이 아니다. 빠르게 달릴 때, 보통 속도로 걸을 때, 활을 쏘며 달릴 때 등 그때그때 상황에 따라 걸음걸이를 달리할 수 있다.

___ 원나라 시기 화가 조맹부趙孟頫(1253~1322)의 〈조량도調良圖〉

이를 통해 원나라 당시 준마의 모습을 살필 수 있다. 치타는 말보다 훨씬 빠르다. 하지만 금방 지쳐 주저앉는다. 말은 오래도록 지치지 않는다. 말의 심장은 사람의 그것보다 17배 크다고 한다. 말은 또 다른 전사戰士일 수밖에 없었다. 그중에 으뜸이 몽골말이다.___

그래서 말 탄 사람은 피로가 덜했고, 달리는 중에도 반동을 최소화해서 흔들림 없이 화살을 날릴 수 있었다. 물론 다양한 걸음걸이는 훈련의 결과다. 몽골말은 영리해서 모든 훈련을 소화해내고 실제 전투에서도 주인의 뜻을 잘 따랐다. 금나라 군대는 자기들 말 얼굴에 사자 가면을 씌우고 방울까지 달아서 몽골말을 겁주려고도 했었다. 물론 효과는 보지 못했다.

군마가 아무리 잘 달린다고 해도 군량의 수송 등 병참에 문제가 생기면 그 군대의 기동력이 떨어지게 되는데, 몽골은 이런 문제에서도 비교적 자유로웠다. 유목민들은 풀을 따라 이동하는 생활을 한다. 그래서 짐을 최대한 간단하게 꾸리는 게 생활화 되어 있다. 게르라고 하는 집조차 쉽게 접고 펼치는 그들이다.

군량도 마찬가지다. 몽골 병사 개개인은 스스로 먹을 식량 일 년치를 말에 싣고 다닐 수 있었다고 한다. 농경인의 입장에서는 이해할 수 없는 일이지만, 몽골인은 가능했다. 어떻게? 몽골인은 전쟁에 나설 때 양고기나 소고기를 말려 가루로 만든 '보르츠'라는 비상식량을 준비한다. 소 한 마리를 말려 가루로 만들면 대략 일 년치 양식이 되는데, 생각보다 그 부피가 작다. 이 가루를 소나 양의 오줌보에 넣어서 가지고 다닌다. 소·양의 오줌보는 기후 변화에 잘 적응하기 때문에 그 안에 고기 가루를 넣으면 오래돼도 상하지 않는다고 한다. 끼니 때 보르츠를 두세 숟가락 물에 풀어 끓이면 훌륭한 식사가 된다. '쿠루트'라고 불리는 분말로 된 마유馬乳도 몽골인이 애용한 간편 식량이다.

몽골군은 강할 수밖에 없었다. 활, 휘어진 칼, 손도끼, 갈고리 달린

창, 여기에 올가미까지 갖추고 초원을 달리는 몽골군. 그들의 말발굽 소리만 들어도 상대방 군사들은 겁을 먹었다. 《몽달비록蒙韃備錄》의 기록대로 '군대가 다가오는 것은 마치 하늘에서 내려오는 것과 같고 갑자기 말머리를 돌려 사라지는 것은 번개가 치는 것'과 같았다는 몽골군이다.

그러나 그들에게도 커다란 약점이 있었으니 성을 함락시키는 공성전攻城戰에 약했고, 배를 타고 싸우는 수전水戰에는 더 약했다는 점이다. 운동선수들이 실제 경기를 치르면서 실력이 늘듯이 몽골군도 전투를 거듭하면서 공성전에서 승리할 수 있는 기술을 쌓아갔다. 수전에도 점차 적응해가지만, 그러기까지는 세월이 많이 흘러야 했다.

몽골군은 물을 겁냈다

몽골군이 물을 무서워했기 때문에 수전에 약했다는 말이 사실일까? 여러 학자들이 사실이 아니라고 하지만, 나는 사실이라고 믿는다.

최강의 기마전술을 보유한 그들이지만, 생활 근거지의 자연환경상 배를 타고 싸우는 데는 미숙할 수밖에 없었다. 그들은 물에 대한 두려움을 가지고 있었다. 몽골인들이 물을 무서워하며 멀리하는 것은 혹독한 겨울 추위에 기인한다. 영하 40도를 오르내리는 혹한에서는 약간의 물기라도 몸을 상하게 하기 때문이다.[신현덕] 지역에 따라 영하 52도까지 내려가기도 하는 가혹한 추위 앞에서 인간은 작아질 수밖에 없다.

물이 부족한 기후조건[몽골 연간 강수량은 넉넉하게 잡아도 3백 밀리미터 정도다. 우리나라는 1천 밀리미터가 훨씬 넘는다]도 물에 대한 경외감을 품게 했는데, 전통신앙 속에 이러한 마음이 담겨 있다. 몽골인들이 신봉하는 신 가운데 '로스-사브닥'이 있다. '로스-사브닥'은 물의 신과 대지의 신을 한데 묶어서 부르는 이름인데, 여기서 '로스Lus'는 물과 습지의 주인이다. 물은 로스가 거주하는 집이다. 로스가 사는 물은 신성한 곳이라서 조금이라도 더럽혀서는 안 된다. 그래서 흐르는 물에 머리를 감거나 목욕을 하는 것은 상상할 수 없는 일이다. 빨래도 마찬가지다. 만약 그렇게 했다간 로스에게 벌을 받게 되는데, 폭우나 우박 또는 가뭄이 그것이다.[장장식]

13세기 초 칭기즈 칸은 몽골 각 부족의 통합을 이룬 다음 몽골 부족 전체를 아우르는 법을 제정했다. 이를 '칭기즈 칸의 대야사Great Yassa'라고 부른다. '야사'는 '금령'이나 '규칙' 또는 '법'이라는 뜻으로 풀이된다. 대야사의 내용 일부를 훑어보도록 하자.

제4조. 물이나 재에 방뇨한 자는 사형에 처한다.
제14조. 물에 손 담그는 것을 금한다. 물은 반드시 그릇으로 떠야 한다.
제15조. 천이 너덜너덜해지기 전에 옷을 빨아서는 안 된다.

대야사 제4조에 따르면 물에 오줌을 누면 목숨을 잃는다. 얼마나 물을 신성시했는지 알 수 있다. 그들은 불도 성스럽게 여겼는데, 재는 불씨를 의미하는 것으로 보아야 할 것 같다.

제14조에서도 역시 물을 어렵게 여기는 마음을 읽을 수 있다. 손이 아닌 그릇으로 물을 뜨라는 것은 한 방울의 물이라도 흘리지 말고 아끼라는 의도로 풀이된다. 타인에 대한 배려도 담겨 있다. 고여 있는

물을 손으로 뜨면 손가락 사이로 물이 흘러 떨어져 흙탕물이 되기 쉽다. 그래서 그릇으로 조심조심 뜨라는 것이다.

제15조에 나오는 세탁 금지 명령은 물의 오염을 예방하고, 잦은 빨래로 귀한 옷감이 훼손되는 걸 막으려는 의도로 보인다. 몽골인들은 옷을 세탁하면 신이 노하며, 옷을 말리려고 널어두면 천둥이 일어난다고 믿었다. 사람치고 천둥이 무섭지 않은 이가 없겠지만, 그들은 유난히 천둥을 두려워했다.

세 조항 모두 물에 대한 경외와 신성성 그리고 절약의 필요성을 담고 있다. 이는 자연스럽게 몽골인이 물에서 멀어지는 결과를 낳았다. 물을 두려워하고 소중히 아끼는 습성을 어리석다고 말할 수 없다. 물이 마르면 초지가 마르고 초지가 마르면 가축이 죽고 가축이 죽으면 그들도 죽는다.[한성호] 자연을 대하는 인간의 겸허를 몽골인에게서 배움이 옳다.

당연한 일이지만, 몽골 병사는 비 맞으며 하는 싸움을 꺼릴 수밖에 없었다. 비를 두려워하는 몽골군이 실제 우중전투雨中戰鬪에 어떻게 응했는지 보면 이를 알 수 있다. 테무친이 칭기즈 칸으로 불리기 전인 1202년, 부족통합전쟁을 벌이고 있을 때다. 《몽골비사元朝秘史》에 의하면 테무친 반대세력이 테무친 군대를 무너뜨리려고 '자다석'이라고 불리는 마법의 돌을 이용해 풍우술風雨術을 펼쳤다. 테무친 진영에 비바람이 퍼붓게 하려는 의도였다. 곧 비바람이 일어났다.

그런데 어인 일인지, 테무친 진영이 아니라 반反 테무친 군대인 자신들의 진영에 비바람이 퍼부어졌다. 테무친은 손쉽게 승리했다. 패배한 반反 테무친 쪽 사람들이 "하늘이 우리를 사랑하지 않는다"라며 낙담했다고 한다. 비바람이 병사들의 사기를 급격히 떨어뜨리는 현상을 보여주는 예다.

비를 겁내던 몽골군의 습속은 《고려사》에서도 확인할 수 있다.

> 차라대車羅大[쟈릴타이]가 충주산성을 공격하자, 갑자기 비바람이 거세게 불었다. 성 안의 사람들이 정예군을 편성해 맹렬하게 공격하자 적이 포위를 풀고 드디어 남쪽으로 내려갔다. [1254년 9월 14일]

성 안의 고려 군사들이 비가 오면 위축되는 몽골군의 특성을 알고 이를 이용했다는 기록이다. 몽골 병사들은 큰 비를 신의 저주로 받아들였다. 비바람을 만나면 당연히 사기가 땅에 떨어졌다. 쟈릴타이의 선택은 퇴각밖에 없었을 것이다.

> 몽고군이 충주성을 공격해 온 성을 도륙한 후 다시 산성(지금의 충북 제천시 덕주산성으로 추정)을 공격하자, 관리와 노약자들이 겁에 질려 수비를 포기하고 월악산 신사神祠로 올라갔다. 이때 갑자기 구름과 안개가 덮이면서 비바람과 천둥·번개가 한꺼번에 몰아쳤다. 몽고군은 신령이 돕는다며 더 이상 공격하지 못하고 퇴각해버렸다. [1256년 4월 29일]

《몽달비록》에 '몽골 습속에서 하늘과 땅을 가장 공경한다. 하는 일마다 반드시 하늘을 칭한다. 천둥소리를 들으면 두려워한다. 군사 활

___ 덕주산성
충북 제천시 한수면에 있다. 몽골군이 천둥 번개 비바람에 겁먹고 스스로 물러갔다는 월악산 신사가 여기 덕주산성 안에 있었던 것으로 보인다. 몽골의 침략 때마다 충주와 인근 지역의 주민들이 이곳에 입보하여 침략군과 맞섰다.___

동도 하지 않는다. 그리고 "하늘이 부르짖었다"라고 말한다' 라는 부분이 있다.[박원길] 월악산에 천둥 치고 거기에 비까지 내렸으니 몽골 군사들, 싸울 용기가 사라졌을 것이다. 이처럼 물을 부담스러워 하는 몽골군이 전선戰船을 타고 해전海戰을 행한다는 것은 어려운 일이었다.

부적 들고 배를 타는 병사들

여기서 이의 제기가 가능하다. 몽골은 세계 정복 과정에서 여러 강을 건넜고, 남송과의 전투에서는 배를 타고 싸우는 대규모 수전에서 승리했다. 이를 어찌 설명할 것인가?

맞다. 《원사元史》에 의하면, 몽골군은 1221년 금나라 군대와 수전을 벌여 승리했고, 1236년에는 남송군과의 수전에서도 이겼다. 1239년에 있었던 남송과의 싸움에서는 무려 1천 척의 선박을 빼앗는 전과를 올렸다고 한다.

그런데 위 전투를 승리로 이끈 병사들은 몽골인이 아니라 한인漢人, 여진인 등이다. 그들 역시 몽골군에 포함되지만, 여기서는 구분해 파악할 필요가 있다. 1221년 금과의 전투 당시 몽골지휘관은 왕의王義였다. 그는 원래 금나라 백성이었는데 자기 나라를 버리고 몽골 편에 들었다. 《원사》에는 그가 거느린 군사들이 수전에 능하다[義士卒皆水郷人

善水戰]고 기록되어 있다.

7만의 몽골 수군이 5천 척의 배를 동원해 양쯔揚子 강 갈래인 한수이漢水에서 남송 수군을 궤멸시킨 것은 1271년의 일이다. 이때는 고려와 몽골의 전쟁이 사실상 끝난 이후다. 이 무렵 몽골 수군은 두 부류로 구성되어 있었다. 하나는 중국 북부 출신의 경험 많은 병사들과 송나라에서 투항한 병사들이다. 그들은 한인·거란인·여진인이다. 또하나는 바로 고려인이었다. 결국, 몽골군 휘하의 중국인과 고려인이 몽골 수군의 작전 수행과 전선戰船 이동을 사실상 도맡았던 것이다.[티모시메이]

몽골군은 겨울에 전투를 많이 벌였다. 겨울엔 강이 얼어 도강渡江이 쉬웠다. 1238년에 러시아 공국을 공격할 때 얼어붙은 강물을 진격로로 삼았다. 강이 얼지 않을 때에는 다리를 이용했다. 다리가 없으면 공병대를 시켜서 다리를 놓았다. 몽골군이 바그다드에서 티그리스 강을 건널 때 선교船橋, 즉 배다리를 이용했는데 배다리는 다른 지역에서도 유용한 도강 수단이 되었을 것이다.

공병대는 몽골인이 아닌 이민족들로 구성되었다. 몽골은 정복 지역민들을 효율적으로 전투에 동원했다. 두뇌집단은 전략을 수립하는 데 활용했고, 각종 장인은 성을 공격하기 위한 무기를 만들거나 토목공사를 이끌도록 했다. 원래 한족과 거란족·여진족이 공병대를 이루었으나 전선이 확대되면서 아랍인, 페르시아인, 아르메니아인도 공병대에 포함되었다. 그러면 몽골인 병사들은 영원히 수전에 젬병이었을까? 그렇지는 않았던 것 같다. 인간은 필요에 의해 어떠한 환경이든 적응해가는 능력이 있다. 몽골인이라고 예외가 될 수는 없다.

그래도 대략 1259년까지는 몽골군이 수전을 부담스러워 했던 것 같다. 《집사集史》를 보면 쿠빌라이가 남송을 공격할 때 겪은 어려움에 대한 내용이 나온다. 하나의 사례를 가지고 일반화할 수는 없지만, 분명히 참고가 된다. 1259년 9월, 쿠빌라이는 몽골 장병들을 안심시키기 위해 '호부護符', 즉 부적을 붙이고 장강長江[양쯔 강]을 건너게 했다. 쿠빌라이 군의 도강渡江은 다른 몽골 부대들에게도 놀라움과 충격을 주었다고 한다.[스기야마]

그냥 배를 타고 강만 건너는 것인데, 수전을 벌이는 것도 아닌데, 몽골군은 그 자체를 겁냈다. 그래서 부적에 의지해서야 배에 오를 수 있었던 것 같다. 도강에 성공하자 쿠빌라이 부대는 물론 다른 몽골 부대들까지 충격을 받았다고 했는데, '아! 우리도 배를 타고 다닐 수 있구나' 하는 깨우침이 아니었을까 싶다. 이후 몽골군은 배를 타는 것에 대한 두려움을 서서히 줄여갈 수 있었을 것이다. 수전에 대해 어느 정도 자신감도 갖게 되었을 것이다.

몽골의 고려 침공은 1231년의 일이다. 1232년에 강화 천도가 이루어졌고, 1259년에 고려 정부가 몽골에 항복한다. 따라서 대몽항쟁기의 몽골인 병사들은 수전 능력이 거의 없었다고 볼 수 있다.

"좋다. 몽골인이 수전 능력이 없었다고 하자. 그렇다면, 수전이 가능한 이민족 병사들을 동원해서 강화도를 점령할 수 있지 않았을까? 남송 정벌 때도 그랬다고 하지 않나?"

이렇게 물을 수 있다. 옳은 지적이다. 고려에 대한 1차 침입 후 몽골

군은 철수했지만, 72인의 다루가치[達魯花赤]를 남겨뒀다. 이때 야속질
아也速迭兒의 탐마적군探馬赤軍을 파견해 다루가치들의 무력적 배후로
삼았다. 탐마적군은 거란·여진·한인 등 동북아 여러 민족으로 구성
된 부대다. 이후에도 이들은 전투에 동원되었다. 그런데 이들은 몽골
인과 달리 기본적으로 수전을 수행할 수 있었다.

앞에서 언급했듯, 여진족은 북방 유목민족임에도 수전에 능했다.
고려는 11세기 초부터 약 1세기 동안 동북방면 여진족 해적의 노략
질 때문에 골머리를 앓았다. 여진족은 고려 건국 초기부터 고려의 북
쪽 변경지역과 동해안 지방을 자주 침범했다. 특히 함흥·홍원·북청
등의 해변에 흩어져 살던 여진족이 현종대부터 숙종대에 이르기까지
해로海路를 이용해 강릉은 물론 울릉도, 경주 일대까지 침략했었
다.[김재근] 그 세력이 성할 때는 백여 척씩 무리를 지어 왔고 그렇지
않을 때도 수십 척씩 쳐들어와 고려에 타격을 가했다. 1019년에는 일
본 규슈九州 지방까지 쳐들어갈 정도로 배를 다루는 데 익숙했다.[일
본사학회] 여진 해적의 도발은 12세기 초 윤관의 정벌 이후에야 사그
라졌다.

몽골군이 이들 여진족과 고려 백성을 동원한다면 강화도 침공 계획
을 세울 수 있었다. 특히 다음과 같은 1232년(고종 19) 3월의 《고려사》
기록이 주목된다. "서경도령都領 정응경과 전 정주부사 박득분으로 하
여금 배 30척과 선원[수수水手] 3천 명을 데리고 용주포를 출발해 몽고
에 가게 했는데, 이는 몽고의 요청에 따른 것이다"[원문의 '수수水手'를
《고려사》 번역본은 '선원'으로 풀었고, 같은 내용이 실려 있는 《고려사절요》

번역본은 '수병'이라고 했다. 강재광은 그의 책에서 '농민'으로 해석했다. 이 글에서는 《고려사》 번역본을 따라 선원이라고 쓴다]. 30척 배야 그렇다 쳐도 선원 3천 명을 징발했다는 것은 의미심장하다. 그들은 어느 전장에선가 몽골 수군이 되어 배를 부렸을 것이다. 이들을 고려 땅에 재투입했을 가능성도 없지 않다.

몽골군이 강화도 침공에 동원할 병력을 준비했다고 가정하자. 그 병사들이 여진 사람이든 송나라 사람이든, 배를 타고 싸우는 데 능한 사람들이라고 하자. 군사들이 준비됐다면 그다음으로 필요한 것이 무엇일까? 당연히 전선戰船 확보다. 그것도 아주 많은 배가 필요하다. 배가 마련되면 강화도를 넘볼 수 있다. 강화도는 고려의 심장이다. 심장을 제거하면 고려의 생명줄을 끊게 된다. 그런데……

현대 몽골인과 물

칭기즈 칸 당시 몽골인들이 물을 두려워하고 빨래도 하지 않았다고 했다. 그렇다면 지금의 몽골인들은 어떨까?《신현덕의 몽골풍속기》에서 단서를 찾을 수 있는데, 내용 일부를 옮겨본다. 옛 풍속이 살아 있는 시골의 모습일 테지만, 시사하는 바가 있다.

"입었던 털옷은 눈밭에 굴렸다가 털어내고 그 자리에서 다시 걸쳐 입는다. 털옷을 세탁하는 모습은 한 마리 늑대가 눈밭에 굴렀다가 일어나는 것처럼 보인다."

"지금도 몽골인은 물에 손을 대는 것을 썩 달가워하지 않는다. 그러니 목욕은 엄두도 내지 않는 경우가 많다."

"세수하는 것을 보면 기절초풍한다. 아침에 일어나면 말 그대로 고양이 세수를 한다. 눈 뜨면 게르 밖으로 나와 기지개를 켜고 물을 한 컵 받아든다. 놀라겠지만, 딱 한 컵 물로 아침 세수와 양치를 끝낸다. …… 양치한 물은 그대로 뱉어버리지 않고 손에 받아 이번에는 얼굴을 씻는다. …… 찬 물을 입 안에서 따뜻하게 데운다는 설명이다."

산 넘어 또 산

강화산성 북문

고려의 수군은 강했다. 과선과 몽충, 이 낯선 이름의 배들이 강화해협(염하)을 막아 지켰다. 몽골군이 어찌어찌 고려 수군의 방어망을 뚫는다 해도 강화도 상륙은 여전히 힘겹다. 외성, 중성, 내성을 모두 넘어야 한다. 강화 섬은 넘을 수 없는 산이었다.

고려 수군의 박치기 전법

전선戰船 확보! 고려 백성을 징발해 배를 건조한다고 할 때, 일정 규모의 함대를 편성하려면 얼마나 시간이 걸릴까. 여몽麗蒙연합군의 일본 원정 당시 상황을 참고할 때 6개월에서 1년 정도의 시간이 필요할 것으로 짐작된다[고려는 1274년(원종 15) 정월부터 같은 해 6월까지 6개월 만에 대선大船 3백 척을 포함해 9백 척의 함선을 건조했다].

　선박 건조 작업은 해안이나 강가에서 해야 하지만 삼별초 등 고려 군사들의 공격을 막기 위해 경계를 계속해야 하는 부담이 따른다. 고려의 강화도 정부가 몽골의 함대 준비를 그냥 두고 볼 리가 없기 때문이다. 뒷날의 이야기지만, 삼별초가 제주도에서 항쟁하던 시기였던 1273년, 삼별초는 합포(지금의 경남 마산)까지 와서 수십 척의 전선을 불 지르고 몽골병을 살해했다. 삼별초만이 문제가 아니다. 배후에서 일어나는 고려 백성의 기습도 충분히 예측할 수 있는 고민거리였을

왜 몽골 제국은 강화도를 치지 못했는가

것이다.

 예상되는 난관을 극복하고 강화도로 쳐들어갈 병력과 전선을 확보했다고 가정하자. 그래도 강도江都 침공을 결단하기는 여전히 어렵다. 바다에서 고려 수군의 전선을 격퇴해야만 강화도 상륙이 가능하기 때문이다. 삼면이 바다인 고려는 해상강국이었다. 나라를 연 왕건이 해상세력이었음은 잘 알려진 사실이다. 강화도 정부는 무엇보다도 해군력 증강에 심혈을 기울였을 것이다. 그러면 고려 수군은 어떤 전선으로 어떤 작전을 펼쳤을까?

 아쉽지만, 대몽항쟁 당시 고려 전선의 특징에 대해서 정확히 알기는 어렵다. 지금까지 발굴된 고려시대 선박이 11척[최항순]인데 대개 수송선이었고, 온전한 모습을 갖추지도 못했다. 사료에서는 고려가 항복한 이후인 삼별초 항쟁기의 수전 모습만 찾아진다. 그러나 앞뒤 시기의 전선 모습을 통해서 대몽항쟁기 싸움배의 특징을 유추해볼 수는 있다. 배의 모양은 세월이 흘러도 별로 변하지 않기 때문이다.

 발굴된 고려의 선박들은 배 밑바닥이 평평한 평저선平底船이다. 중국이나 일본의 배들은 밑이 알파벳 'U'나 'V'처럼 생긴 첨저선尖底船에 가깝다. 첨저선은 일직선으로 나갈 때 물의 저항을 덜 받아 속도 내기가 수월하지만, 갯벌에 얹히면 쓰러지고 만다. 방향 전환도 어렵다. 그러나 고려 배들은 갯벌에 편하게 앉을 수 있다. 앞뒤로 방향을 바꾸기 쉬워서 작전에 유리하다. 밀물과 썰물의 변화가 심한 서해안에서 활동하기 안성맞춤이다. 대몽항쟁기 고려의 전선은 평저선의 장점을 충분히 살려 작전을 수행했을 것이다.

___ 삼별초 전투 기록화

제주 삼별초와 여몽연합군의 격전, 제주 항파두리 항몽유적지 전시관.___

《고려사》에는 전함戰艦, 병선兵船 같은 일반적인 명칭뿐 아니라 누선樓船, 용선龍船, 과선戈船, 몽충蒙衝 같은 낯선 배들의 이름도 보인다. 누선은 갑판 위에 일종의 다락이 더해진 모양이라고 한다. 싸움배로 사용되기도 했지만, 주로 임금이 신하들에게 연회를 베푸는 데 쓰였다. 용선은 용龍이라는 글자가 암시하듯 왕이 타는 배다. 누선처럼 주로 놀잇배로 쓰였다.

과선戈船이 바로 11세기쯤 고려 병선의 주력이었다. 1009년, 현종이 즉위하자마자 '과선 75척을 만들어 명구溟口에 정박시키고 동북의 해적을 막게 했다' 라는 기록이 《고려사절요》에 나온다. 조선조 임진왜란 때도 과선이 전투에 동원되었던 것으로 보아 대몽항쟁기 강화도에 과선은 당연히 배치되었을 것이다.

뱃머리에 뿔처럼 생긴 쇠붙이를 단 과선은 적선을 들이받아 부숴 버리는 전투선이다. '박치기' 작전으로 상대방을 부수되 내 배는 온전해야 한다면, 상대방 배보다 월등히 튼튼해야만 한다. 전통적으로 한선韓船은 만듦새가 야무지고 탄탄했다. 고려 때는 물론이고 조선시대에도 그랬다.

몽골과의 전쟁이 끝난 다음 고려는 몽골의 일본 원정에 어쩔 수 없이 동참하게 된다. 그때 고려는 전통방식대로 배를 만들어 참전했는데, 원정 도중에 그만 태풍을 만나 위기에 처했었다. 고려의 배는 잘 견뎌냈지만, 함께 참전한 중국 강남에서 온 배들은 속수무책 부서져 버리고 말았다. 《추윤선생대전문집秋潤先生大全文集》이라는 중국의 문헌에 '지원至元 18년 일본에 동정東征했을 때 대소 함선이 파도에 밀려

많이 깨졌지만, 오직 고려의 배만이 튼튼해서 온전할 수 있었다' 라는 기록이 있다고 한다.[김재근]

과선의 과戈는 창을 가리킨다. 적이 배 안에 뛰어들지 못하도록 뱃전에 짧은 창검을 빈틈없이 꽂아 놓은 배이기에 그리 붙여진 이름이다. 당시의 여진 해적들이 배 안에 뛰어들어 백병전을 구사했기 때문에 창검을 꽂아 대비했던 것이다. 한때 담장 꼭대기에 유리병 조각이나 쇠꼬챙이를 박는 것이 유행하던 시절이 있었다. 도둑이 담 넘어오는 것을 예방하려는 행위였다. 과선에 꽂았던 창검 역시 이와 비슷한 의도로 설치한 것이다.

강화경江華京(강도) 시절에는 과선에 창검을 꽂지 않았을 수도 있다. 몽골군이 고려 배로 뛰어 넘어올 위험이 거의 없었기 때문이다. 그러나 선수船首, 즉 뱃머리에 쇠붙이를 달고 적의 배에 부딪쳐 격파시키는 전술은 여전히 사용되었을 것이다. 몽골군의 화살 공격을 막을 요량으로 배에 방패를 달았다는 주장[KBS역사스페셜]도 귀 기울일 만하다.

왜 몽골 제국은 강화도를 치지 못했는가

참 낯선 이름의 배, 몽충

과선과 함께 주의 깊게 보아야 할 고려의 배가 몽충蒙衝(또는 艨衝)이다. 삼별초군의 진도 항쟁기에 몽충이라는 배가 등장한다. 김방경金方慶(1212~1300)이 이끄는 고려 정부군이 삼별초군과의 해전에서 크게 패하고, 김방경은 죽을 위기에 빠졌다. 김방경은 물고기 밥이 될지언정 반란군의 손에 죽을 수는 없다며 자결하려고 했다. 이때 고려 정부군 양동무가 몽충으로 삼별초군의 포위를 풀고 김방경을 구해냈다.

몽충은 조선시대에도 전투에 사용되었다. 연산군 때인 1499년, 북방을 지키는 군졸들이 "적들이 캄캄한 밤에 배를 타고 귀신같이 잠입하기 때문에 경계하기가 몹시 어렵습니다. 몽충 같은 병선兵船을 만들어 물에 띄워 두면 적이 함부로 건너오지 못할 것입니다"라며 몽충의 배치를 건의하고 있다. 임진왜란 때 실제 전투에 동원되었다는 내용도 보인다.

병력을 이동시켜 강화江華로 들어가서 근거지를 삼았다. …… 공公이 때때로 병력을 출동시켜 강 연안에 둔屯치고 있던 왜적을 습격하자 적들이 잇따라 도망치기 시작했다. 공이 이에 여러 장수와 몽충 4백 척을 거느리고 강을 거슬러 올라가며 곧바로 진격했다. 그리고는 양화도楊花渡에서 북치고 함성을 지르며 군세軍勢를 떨친 뒤 풍신수길豊臣秀吉[도요토미 히데요시]의 죄상罪狀을 내걸어 도성 안의 왜적들을 자극해 나오게 하려 했으나 성 안의 왜적들은 끝까지 감히 움직이려고 하지를 않았다. [《계곡선생집谿谷先生集》 제13권, 창의사 김공 정렬사 비倡義使金公旌烈祠碑]

《계곡선생집》은 조선 중기 문신 장유張維(1587~1638)의 시문집이다. '창의사 김공'은 임진왜란 때의 의병장 김천일金千鎰(1537~1593)을 말한다. 김천일이 강화를 근거로 삼아 왜군을 칠 때 몽충 4백 척을 이끌고 갔다는 이야기다.

몽충의 생김새는 《조선왕조실록》에서 실마리를 찾을 수 있다. 다음은 1751년(영조 27), 박문수朴文秀(1691~1756)가 임금에게 거북선 개조를 건의하는 글이다.

신이 전선과 귀선龜船(거북선)의 제도를 상세히 보았더니, 전선은 매양 고칠 때마다 그 몸뚱이가 점차 길어져 결코 운용하기가 어렵고 귀선에 있어서는 애초 체제는 몽충과 같이 위에 두꺼운 판자를 덮어 시석矢石을 피했습니다. 그리고 신이 충무공 이순신이 기록한 바를 보았더니, 귀선의 좌우에 각각 여섯 곳의 총 쏘는 구멍을 내었는데 지금은 각각 여덟 개의 구멍을 냈으니, 귀선이 종전에 비해 지나치게 커진 것을 또한 알 수가 있으므로 개조하지 않을 수가 없습니다.

몽충은 앞의 실록에 기록된 것처럼, 선체를 판자 등으로 덮어 적의 화살이나 돌을 피하며 돌격해서 적의 배를 부수는 공격선이다. 한국고전번역원의 《동사강목東史綱目》 번역본 주註에는 "옛 전함의 하나. 모양이 좁고 길며 위는 생우피生牛皮로 덮고 전후 좌우에 노弩·모矛를 설치하는 창 구멍이 나 있으며 속도가 빨라서 적선 가운데를 충돌衝突해 들어가는 데에 쓰인다"라고 나와 있다. 그러고 보니 '몽충蒙衝'의 생김새와 기능에 대한 설명이 그 이름 속에 들어 있다. 몽蒙 자에는 '입히다', '덮어씌우다'라는 뜻이 있다. 충衝 자는 '찌르다', '맞부딪치다'라는 의미로 쓰인다.

충돌! 그랬다. 과선과 몽충의 존재에서 대몽항쟁기의 대표적인 수전 전술의 하나가 '부딪쳐 파괴하기'였음을 추정할 수 있다. 그런데 적의 배를 꼭 파괴해야만 하는 것은 아니다. 그냥 헤집고 다니는 것만으로 충분한 성과를 거둘 수 있다. 전열이 흐트러진 적의 수군이 작전을 펼칠 수 없게 되는 것이다. 특히 몽충은, 거북선처럼 고려의 병사가 몸을 숨긴 상태로 적을 공격할 수 있다는 점에서 효율적인 전투선이라고 할 수 있겠다.

적의 배로 돌격해 내부딪치고 다시 빠져나오는 전술을 제대로 펼치려면 작전 지시에 따른 전후좌우로의 신속한 이동 능력이 요구된다. 따라서 이 전술에서는 노꾼들의 단결력과 물의 흐름을 이용할 수 있는 경험이 수전의 승패를 좌우한다. 수군의 신속한 이동 능력은 불화살을 이용한 전투에서도 필요하다. 상대방 배를 불사르려면 사정거리 안에서 한꺼번에 화살을 날려야 한다. 이때 바람의 흐름이 중요하다. 바람의 흐름을 이용하려면 물의 흐름을 읽으며 재빠르게 움직여야 한다. 아무나 할 수 있는 일이 아니다.

삼별초군이 개경 환도를 거부하고 진도로 옮겨가 항전할 때, 그들을 정벌하러 온 고려 정부군이 커다란 패배를 당했다고 말했다. 삼별초군은 30척의 전선으로 김방경이 거느린 정부군 전선 1백 여 척과 맞서 대승을 거두었다. 전선마다 험악한 괴수의 형상을 그려놓고 징과 북을 요란하게 울리며 고려 정부군의 혼을 빼놓았다. 배들의 움직임은 마치 하늘을 나는 듯 가벼웠다.

그 당시 삼별초가 펼친 작전은 강화도 정부 시절, 몽골의 침략에 대비한 훈련의 일부였을 것이다. 고려 정부군을 농락할 정도로 강력한 전력을 갖추고 있던 삼별초는 이후 3년간 항쟁을 계속했다. 삼별초가 고려 정부와 몽골 연합군에 맞서 수년간 저항할 수 있었다는 사실도, 역설적이지만 강화도 정부의 해전 역량이 강했음을 보여주는 근거가 된다.

다시 강화경 시절로 돌아오자. 강도 정부는 전선을 동원해 갑곶 앞 바다 등에서 해상 훈련까지 하고 있었다. 배의 종류는 다양했겠지만, 과선이나 몽충과 같은 배들이 중요한 역할을 맡았을 것이다. 이들을 몽골 수군이 뚫을 수 있었을까? 뚫을 수 있다고 자신했을까? 아마도 아닐 것이다.

몽골군이 군사와 말을 수송하는 정도로만 선박을 이용하는 것이 아니라 그들이 해상海上 전투에 나설 것을 예상한다면, 당연히 장기간에 걸쳐 전술 훈련을 해야 한다. 고려 수군의 공격을 막아낼 대책을 마련해야 한다. 이왕이면 전투 예정지에서 훈련하는 것이 좋다. 그래야 물의 깊이나 흐름 등을 파악할 수 있다. 그러나 현실적으로 몽골군에게 해전에 대한 예비 훈련은 어려운 일이었다.

당시 강화도를 지키던 전선의 규모가 궁금하다. 전선의 정확한 숫자를 알 수 없지만, 전투에 동원할 수 있는 배가 적어도 천 척은 되었던 것 같다. 진도로 향하는 삼별초군이 '배를 모아 공사公私의 재물과 자녀를 모두 싣고 남쪽으로 내려가는데, 구포로부터 항파강까지 뱃머리와 꼬리가 서로 접해 무려 천여 척이나 되었다'라는 《고려사절요》의 1270년 기록에 따른 추정이다.

세 겹으로 이루어진 강화의 성

그럴 리야 없었겠지만, 몽골이 고려 수군을 격파했다고 하자. 몽골의 전선들이 기세등등하게 강화도로 다가온다. 이제 강화도는 점령될 것인가. 아니, 여전히 속단하기 어렵다. 그들이 극복해야 할 문제가 또 있었기 때문이다. 바로 강화도에 겹겹으로 쌓은 성城이다. '공성무기를 마음대로 써먹을 수도 없고, 답답해 죽겠구나.' 몽골의 처지에서 난감한 장애물이 성곽이었다.

나중에 고려 조정이 몽골에 항복할 때, 몽골은 가장 먼저 강화에 있는 성들을 파괴하도록 했다. 이를 봐도 그들의 성곽에 대한 심적 부담을 알 수 있다. 대몽항쟁기 강화도에는 내성과 외성 그리고 중성이 있었다. 먼저 강화도 궁궐에 대해서 알아보고 성곽 이야기로 넘어가보자.

개경에서 강화로의 천도는 황급하게 이루어졌다. 천도 자체를 반대

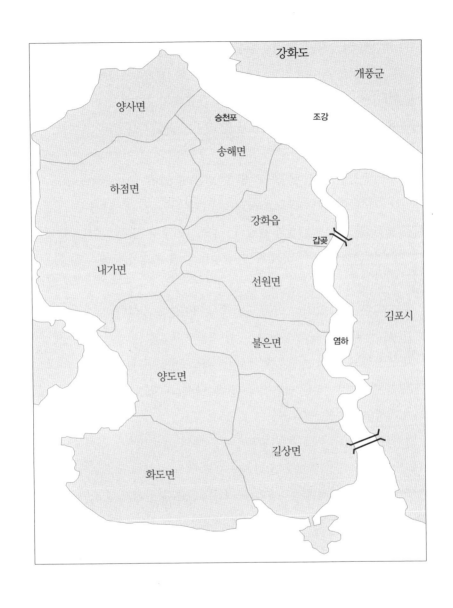

강화도

개풍군

양사면

승천포

조강

송해면

하점면

강화읍

갑곶

내가면

선원면

김포시

불은면

염하

양도면

길상면

화도면

하는 의견이 많았지만, 실권자 최우가 강하게 밀어붙인 결과였다. 몽골 1차 침략군이 철수한 직후인 1232년(고종 19) 2월에 조정에서 천도에 대한 공식적인 논의가 있었고, 6월에 천도가 확정된다. 그리고 7월에 고종이 강화에 도착한다. 궁궐을 막 짓기 시작한 때라 임금은 객관客館 등에서 생활해야 했다.

궁궐이 완성된 것은 천도하고 일 년 반 정도 흐른 1234년(고종 21) 초였다. 개성 궁궐보다 규모는 작았으나 기본적인 구조는 같게 했다. 각 건물의 명칭 역시 개성과 같았다. 지금 고려궁지 정문에 승평문昇平門이라고 쓴 현판이 걸려 있는데, 승평문은 원래 개성 궁궐의 정문이자 남문이다.

내성內城은 궁궐을 감싸 안은 궁성의 성격이었을 것이다. 도성으로 보기에는 아무래도 규모가 작다. 궁궐 조영과 비슷한 시기에 쌓은 것으로 짐작되며, 1234년 전후에 완성된 것으로 추정된다. 정확한 위치를 알기 어렵지만, 지금 남아 있는 강화산성[강화부성]을 통해서 고려시대 내성의 범위를 가늠해볼 수 있다.

강화산성이라고 부르기는 하지만, 쌓을 때의 공식 명칭은 강화부성江華府城이었다. 강화부성은 조선 숙종대에 돌로 증축한 것으로 둘레가 7킬로미터를 조금 넘는다.[강화군·육군박물관] 북산과 남산, 견자산을 빙 두르고 있다. 이 성이 고려시대 내성과 어느 정도 겹쳐 있을 것이라고 한다.

고려의 내성은 강화산성의 북쪽 절반 정도에 해당하는 것으로 본다. 북산에서 용흥궁 공원의 남단, 김상용 선생 순의비각이 있는 곳까

왜 몽골 제국은 강화도를 치지 못했는가

지다. 지금 읍내를 남북으로 가르는 강화대로는 동락천이라는 개울을 덮고 만든 길이다. 동락천 남쪽으로까지 고려의 내성이 조성되지는 않았다.

따라서 고려 궁궐의 남문은 지금의 김상용 선생 순의비각 쯤에 있었다고 보는 것이 옳다. 그 문의 이름이 승평문이었으니 지금 고려궁지에 있는 '승평문昇平門'이라는 현판은 어울리지 않는다. 고려궁지 승평문' 현판을 선경전문宣慶殿門 또는 회경전문會慶殿門으로 바꿔야 옳다는 주장[김창현]이 있다. 선경전(회경전)은 개성 궁궐의 정전 이름이다.

고려 내성의 좌우 경계는 어디였을까? 대개 강화산성의 동문과 서문쯤으로 추정하는 것 같다. 내 생각은 조금 다르다. 학자들은 옛 기록을 바탕으로 고려 내성의 둘레를 대략 2킬로미터라고 말한다. 둘레 2킬로미터를 기준으로 살펴보면 동쪽으로 성공회 강화읍성당, 서쪽으로 성광교회가 있는 둔덕으로 내성의 규모를 좁혀 보는 것이 더 적절한 것 같다.

외성外城은 몽골군을 막는 제1방어선 구실을 했으며 강화도 동쪽 해안가에 쌓았다. 대략 강화읍, 선원면, 불은면 동안東岸이 이에 해당한다. 지금 흔적이 남아 있는 외성은 고려시대 것이 아니라 조선 숙종대에 쌓고 영조대에 보수한 것으로 길이가 약 23킬로미터다.

북한 땅과 마주 보이는 강화도 북쪽 해안, 그러니까 송해면 승천포 주변에도 외성을 쌓았을지 궁금하다. 승천포는 개성과 뱃길로 이어지는 국방상의 요지이기 때문에 외성이 연결되어 있었을 것으로 짐작된다. 그러나 쌓지 않았다고 해도 수긍이 간다. 조강, 즉 승천포 앞바다

___ 강화 외성

인천광역시 유형문화재 제37호였던 강화 외성이 지난 2003년에 사적 제452호로 승격 지정됐다. 이에 따라 외성의 한 구간인 강화 전성(인천광역시 기념물 제20호)은 문화재 지정이 해제되어 강화 외성에 포함됐다.

강화 외성이 사적으로 승격된 것은 문화재로서의 가치를 인정받았기 때문이다. 하지만 주의할 점이 있다. 지금의 외성은 고려시대보다 조선시대와 더 밀접한 관련이 있다. 우리가 볼 수 있는 강화 외성은 조선 숙종대인 1691~1692년에 쌓고 이후 여러 번 개축한 것이다.___

___고려궁지 승평문

강화군 강화읍에 있는 고려 궁궐 터, 고려궁지高麗宮址의 정문이다. 개성 궁궐의 남문 이름과 같은, 승평문昇平門이라는 편액이 걸려 있다. 고려 조정은 강화도에 새 궁궐을 짓고 건물과 대문의 명칭을 개성 궁궐과 같게 했다. '승평昇平'은 '태평太平'과 같은 의미라고 한다.

승평문을 들어서면 강화유수부 동헌인 명위헌, 외규장각, 강화부 종각, 이방청을 보게 된다. 모두 조선시대 역사와 연관되는 건축물이다. 고려의 궁궐터에 조선의 건물들만 자리한 것이다. 그래서 '고려궁지'라는 호칭이 다소 모호한 게 사실이다.___

는 김포와 마주 보고 있는 염하보다 넓다. 몽골군이 건너오기 부담스럽지만, 고려 수군이 작전을 펴기에는 적당한 넓이다. 갯벌도 더 넓게 펼쳐져 있다. 배를 대고 상륙할 만한 곳이 거의 없다. 그래서 당시 고려 정부는 수군만 제대로 지키면 충분하다는 자신감으로 성을 쌓지 않았을 수 있다(북쪽 승천포는 주로 사신이 오고가는 곳이었고, 일반인들이 뭍과 왕래하는 곳은 동쪽 갑곶이었다).

언제 쌓은 것일까? 《고려사》에 외성을 쌓은 해가 기록되어 있지만 그게 좀 애매하다. 〈병지兵志〉에 1233년(고종 20)이라고 나오는 데 반해 〈세가世家〉에는 1237년(고종 24)이라고 쓰여 있다. 1233년에 시작해서 1237년에 완성을 본 것 같다. 5년 간 쉼 없이 계속 쌓지는 않았을 것이다. 필요에 의해 한 구역을 쌓고 또다시 쌓는 방법으로 진행되어 여러 해가 걸린 것 같다. 다른 추정도 가능하다. 1233년에 외성을 다 쌓았고, 1237년에는 외성을 증축한 것으로 보는 것이다. 1900년대 초에 완성된 《증보문헌비고增補文獻備考》의 '高麗高宗二十年築江都外城 二十四年又增築[고종 20년(1233)에 강도 외성을 쌓았고 고종 24년에 증축했다]'이라는 기록이 그 예다.

내성을 궁성으로 본다면 중성中城은 도성都城으로 이해할 수 있다. 중성을 쌓은 것은 내성과 외성이 완성되고 꽤 세월이 지난 후인 1250년(고종 37)이다. 이때는 몽골과의 전쟁 후반기이고, 최항이 최우를 이어 집권한 지 얼마 되지 않은 시점이다. 내성, 외성과 좀 더 유기적인 방어체제를 구축하려고 중성을 쌓았을 것이다. 중성은 일정 부분 내성, 외성과 연결되어 있었다. 북쪽으로 북산과 강화읍 옥림리를 거쳐 염하변 외성에 닿았다. 남쪽으로는 선원면 대문고개, 선원사 뒷산을 통과해 역시 염하변 외성에 이른다.

성곽은 강화도를 지키는 중요한 방어 시설이었다. 내성, 외성, 중성의 순서로 건설되어 몽골의 침입으로부터 강도 정부를 지켰다. 그러나 1259년(고종 46), 몽골 사신의 모진 독촉 아래 파괴되고 말았다. 성곽 무너지는 소리가 우레와 같아서 놀란 아녀자들이 슬피 울었다. 작업에 동원된 남정네들 역시 고통의 눈물을 뿌렸다.

몽골의 강화도 침공은 이론상 가능하지만, 그것을 실행하는 데는 많은 난관이 있었다. 엄청난 희생을 감수하면서 총력전을 시도한다면 강화도 함락이 가능할 수도 있으나, 당시 몽골은 금·송 등과 더 큰 전투를 수행하고 있었기 때문에 고려에 온 힘을 쏟을 수도 없었다.

그랬다. 몽골군이 강화도를 침공하려면 넘어야 할 산이 많았다. 강력한 고려 수군의 저지선을 뚫어야 하고 또 삼중으로 이루어진 성을 넘어야 했던 것이다. 여기에 더해서 외성을 넘기 전에 또 하나의 장애물을 만날 개연성이 높다. 고려 수비군이 산성 앞에 목책을 세우듯 외성 밖 갯벌에 일정한 간격으로 통나무를 박아놓지는 않았을까? 목책을 세우는 것은 성 쌓는 작업에 비해 수월하다. 《조선왕조실록》을 통해서도 목책 설치의 가능성을 확인할 수 있다. 병자호란 직후 인조는 호조판서 심열, 공조판서 이시백, 부제학 이경석 등과 함께 강화도 수비대책에 대해 논의했다. 인조가 "전에 강도의 연안에다 목책을 설치하자는 의논이 있었는데, 지역이 매우 넓으니 어떻게 다 설치할 수 있겠는가"라고 묻자 이시백이 요해처에만 설치하면 된다고 아뢰었다.

___ 강화도 갯벌에 설치된 방어용 구조물
고려 대몽항쟁기에 강화도 해안에 목책이 설치됐을 가능성을 추정하게 해주는 시설물이다. 기둥의
모습이 도드라져 보이지만 밀물 때는 수위가 올라가서 식별이 어렵다. 건너다보이는 산은 북한 땅
이다. 북한의 산은 모두 민둥산이다.___

반면 심열은 목책이 쉽게 훼손된다며 반대했다. 그러자 이경석이 말하길, "나무는 물속에 있으면 썩지 않습니다. 전조前朝에 설치해놓은 목책의 나무가 지금까지 보존되어 있다고 합니다"라고 말하고 있다(《인조실록》, 16년(1638) 1월 4일). 앞의 왕조, 즉 고려에서 강화도 해안에 목책을 설치했었다는 얘기다. 만약 그랬다면 몽골군 전선의 상륙을 막는 훌륭한 방어물이 됐을 것이다. 지금도 북한 땅과 마주하고 있는 강화도 북쪽 해안에서 둥근 구조물이 줄지어 박혀 있는 모습을 볼 수 있다.

그런데 몽골군이 해결해야 하는 난관은 전선이나 성곽처럼 사람의 손으로 만들어진 방어막이 다가 아니었다. 바다로 둘러싸인 강화도의 지형적 특징이 몽골군에게 근본적인 난관으로 작용했다. 천도 과정을 먼저 짚어보고, 강화도의 자연환경이 어떠했기에 몽골군을 곤혹스럽게 했는지 알아보도록 하자.

《고려사》와 《고려사절요》

《고려사》와 《고려사절요》는 조선시대에 편찬된 고려의 역사책이다. 《조선왕
조실록》처럼 고려시대에도 당시의 역사를 기록한 실록이 있었으나 지금은
전해지지 않는다. 그래서 우리는 조선시대에 쓰인 고려의 역사책을 통해 그
시대를 보게 된다.

《고려사》는 1449년(세종 31)에 시작돼서 1451년(문종 1)에 완성된 기전체 사
서다. 기전체紀傳體란 한나라 사마천의 《사기史記》에서 시작된 역사 서술 체계
를 말한다. 역사를 내용별로 나누어 정리하는데, 통상 본기本紀·세가世家·지
志·표表·열전列傳으로 구성된다. 본기[왕의 역사]와 열전[인물전]에서 한 글자
씩 따서 기전체라고 부른다.

《고려사》는 세가·지·표·열전으로 구성됐다. 왕의 기록을 본기가 아닌 세
가[제후국의 역사]에 넣은 것인데, 이는 《삼국사기》와 비교된다. 고려시대 김
부식 등이 편찬한 기전체 역사서인 《삼국사기》는 고구려·백제·신라 왕들의
기록을 본기에 담았다.

《고려사절요》는 1452년(문종 2)에 편년체로 편찬되었다. 책 이름에 나타난

것처럼 《고려사》에 비해 분량이 적다. 《고려사》의 요약본 정도로 말할 수 있다. 그러나 단순 요약본이 아니다. 《고려사》에 없는 내용이 《고려사절요》에 실려 있는 예가 많다. 편년체編年體는 《조선왕조실록》처럼 연월일 순으로 역사를 기록하는 체제다. 흐름을 파악하는 데 유용하다.

《조선왕조실록》에 《고려사高麗史》와 《고려사절요高麗史節要》 편찬 과정 등을 자세히 알려주는 내용이 있다. '김종서 등이 새로 찬술한 《고려사절요》를 바치다' 라는 글이다. 이에 의하면, 《고려사》 편찬 시도가 태조 이성계 때부터 있었는데 성공하지는 못했다. 세종이 김종서, 정인지 등에게 다시 명해서 《고려사》를 편찬하게 하고 그게 끝나는 대로 편년체(《고려사절요》)도 지으라고 했다. 본격적인 작업이 시작됐다. 박팽년·신숙주 등도 참여해서 열전列傳을 썼다.

그런데 완성을 보기 전에 세종이 승하하고 문종이 즉위했다. 작업은 계속됐고 그렇게 《고려사》가 완성됐다. 이어서 '번잡한 것은 제거하고 간략한 것만 취하고 연월을 표준하여 사실을 그대로 서술하여' 《고려사절요》까지 끝냈다. 《고려사》는 분량이 너무 많아 보기 어렵기에 '간절하고 요긴한 것만 모아서' 《고려사절요》를 따로 만든 것이다. 참고로 번역본을 단순 비교할 때 《고려사》(경인문화사)는 28권이고, 《고려사절요》(신서원)는 3권이다.

한편 김종서가 문종에게 한 말 중에 고려에 대한 평가가 담겼다. 김종서는, 고려가 건국 이후 여러 면에서 발전했지만, 후반부로 오면서 모든 게 엉망이 됐고, 왕씨가 아닌 우왕·창왕이 왕위를 훔쳐 공양왕이 반정反正했으나, '우매하고 나약하여 스스로 멸망에 이르게 된 것'이라고 했다. 하늘이 도와 조선이 건국됐고 백성이 평안해졌다고 했다. 조선 왕조 개창을 정당화한 것인데, 이 부분에서 《고려사》 등의 편찬 목적이 드러난다. 《문종실록》, 2년(1452) 2월 20일)

도읍을 옮기다

남산에서 본 강화읍내

천도遷都는 늘 위기다. 전쟁 중의 천도는 백성의 고통을 더한다. 누가 찬성하리오. 임금 고종도 머뭇거렸다. 그래도 최우는 밀어붙였다. 높은 사람들은 새 도읍 강화에서 무사했으나 뭍의 백성은 죽어 나갔다. 어찌하랴, 뭍의 희생으로 나라를 지켰으니.

강화도 천도를 보는 두 가지 시각

일제강점기에도 우리 학자들은 고려의 대몽항쟁과 강화도 천도에 대해 연구하고 논문을 썼다. 고려 정부는 개경에서 강화도로 도읍을 옮김으로써 몽골에 대한 장기 항전의 각오를 표시한 것이라는 게 그들의 공통된 견해였다. 천도에 대한 평가도 긍정적이었다. 그런데 1970년대 이후 학계에서는 기존의 천도관遷都觀을 비판하며 무신정권 주도의 강화 천도를 부정적으로 평가하는 견해가 등장하기 시작했다.

그 견해의 대표적인 주장으로 '최우가 정권의 보전을 위해 몽골군과의 싸움을 회피하고 천도했다', '일부의 지배계급만이 그들의 안전을 확보하자는 의도였다', '최씨 정권 유지를 위한 자구책에서 나온 도피적 행동이었다', '지배층의 계급적 이해에 충실한 대책이었다' 등을 꼽을 수 있다. 심지어 '초적草賊과 지방반민地方叛民들의 반정부적 활동으로부터 자신들의 안전 및 정권의 보전을 도모'하려는 의도로

왜 몽골 제국은 강화도를 치지 못했는가

천도한 것이라는 주장도 나왔다. 강화 천도가 몽골에 맞서 싸우기 위한 것이 아니라 백성들의 반란으로부터 정부를 보호하기 위해 내려진 조치라는 것이다.

최씨 정권은 몽골에 항복하면 자신들의 권력 유지가 어려우리라 생각했을 수 있다. 그래서 기득권을 지키기 위해 강화 천도를 단행했다는 해석이 어느 정도 타당하다. 그러나 단순히 정권 유지만을 위해서 천도했다는 주장은 어딘지 부족해 보인다. 민란을 일으킨 백성을 피한 천도라는 주장 역시 공감하기 어렵다.

원 간섭기 고려의 권문세족 가운데 상당수가 원나라의 앞잡이가 되어 제 나라를 업신여기고 국왕을 능멸했으며 백성을 쥐어짰다. 몽골이건 원이건 지배자의 입장에서 보았을 때 자신들의 말만 잘 듣는다면, 백성에게 손가락질 받는 인물이라도 내칠 필요가 없다. 오히려 이용하기가 좋은 것이다.

최우가 자신의 권력과 재산을 지키려고 몽골에 일찌감치 항복하고 그들의 '충직한 개'가 되어 아부를 떨었다면, 나라 꼴이 어찌 되든 백성이 얼마나 가혹한 수탈을 당하든 나라 안에서 최우의 권세는 계속될 수 있었을 것이다. 그러나 최우는 저항을 택했다. 이런 식으로도 해석할 수 있지 않을까.

천도 자체에 대한 매몰찬 비판은 지나친 감이 있다. 다만 최씨 정권의 강화도 생활은 비판받아 마땅하다. 외적을 물리칠 대책을 적극적으로 모색했던 것 같지가 않다. 뭍에 버려둔 백성의 안위를 진지하게 걱정하고 고민한 흔적도 별로 눈에 띄지 않는다. 그러면서 화려함과

사치를 즐겼다. 엄청난 규모의 집을 짓고 툭하면 잔치판을 벌였다.

천도 배경에 대한 분석이 긍정적 측면과 부정적 측면으로 나뉘듯 천도에 대한 학계의 평가 역시 양분되고 있다. 근 40년간 국운國運을 걸고 몽골에 맞설 수 있었던 이유로 강화 천도를 꼽는 견해가 있는 반면, 천도하지 않았더라면 몽골의 '약탈지배'가 장기화되지 않았을 것이라는 주장도 있다.

그러나 고려 정부가 강화도로 도읍을 옮기지 않고 개경 사수를 기치로 싸웠다면, 정말 몽골의 '약탈지배'를 피할 수 있었을지는 의문이다. 개경 방어가 어려워지면 어디론가 수도를 옮겨 저항을 계속해야 했을 터인데 모두가 만족할 수 있는 피난처가 확보되어 있었을 것인지도 의문이다. 오히려 강화로 천도함으로써 국운이 유지될 수 있었다는 해석이 더 합리적이라는 생각이 든다. 지배층의 시각 또는 피지배층의 시각으로 나누어 천도를 바라보기보다는 당시 고려의 전체적인 사회상 속에서 살필 일이다.

무신정권에 대한 평가 역시 마찬가지다. 박정희 대통령 때부터 시작된 군사정권에 대한 반발로 고려 무신정권을 부정적으로 평가하는 기류가 조성된 감이 없지 않다. 고려 무신정권을 긍정적으로 평가하면 보수요, 나쁘게 말하면 진보인 듯 받아들여지던 시기도 있었다. 이제 무신정권을 부정적으로만 단정하는 평가보다는 그들의 공과功過를 냉정하게 가려 가치중립적으로 바라보는 시각이 필요하다. 무신정권으로 백 년 세월을 이끌어갔다면, 그럴만한 저력도 갖추고 있었던 것이라고 봐야 하지 않을까.

김영삼 정부 시기인 1997년 IMF 구제금융 요청 사태가 터졌다. 그러나 당시의 외환위기는 김영삼 대통령만의 잘못 때문에 벌어진 일이라기보다는 그 이전부터 켜켜이 쌓여온 한국의 사회경제적 모순이 김영삼 정부 시기에 이르러 터진 결과라고 보는 것이 더 이치에 맞다. 무신정권기에는 백성의 대규모 봉기가 잦았다. 역사가들이 당시를 평가할 때 백성의 빈번한 봉기를 무신정권의 무능으로 연결해 비판하는 것이 보통이다. 하지만 무신정권기 빈번하게 발생한 봉기는 무신정권의 무능과 함께 이자겸 난 전후의 지배체제 와해에서부터 그 원인을 찾는 것이 합당하다.

결행! 강화도로

최우가 천도를 도모할 당시 그를 지지했던 사람은 그다지 많지 않았
다. 정무鄭畝·태집성太集成(또는 대집성大集成) 정도가 도읍을 옮겨 피난
함이 마땅하다고 했을 뿐이다. 천도를 결정짓기 위한 재추회의宰樞會
議를 거듭했지만, 유승단·김세충 등의 반대에 밀려 쉽게 결정짓지 못
했다. 유승단兪升旦(1168~1232)은 아첨과는 거리가 멀고 목숨에 연연
하지도 않은 강직한 인물이었다. 그는 이렇게 자신의 반대 의견을 말
했다.

작은 나라가 큰 나라 섬김은 이치에 당연한 일이다. 예로써 섬기고 믿음으
로써 사귀면 저들 역시 무슨 명분으로 매양 우리를 괴롭히겠는가. 성곽을
버리고 종묘사직을 돌보지 않은 채 섬으로 도망해 구차스럽게 세월만 끌
며, 변방의 장정들은 칼날에 다 죽고 노약자들은 끌려가 종이나 포로가 되

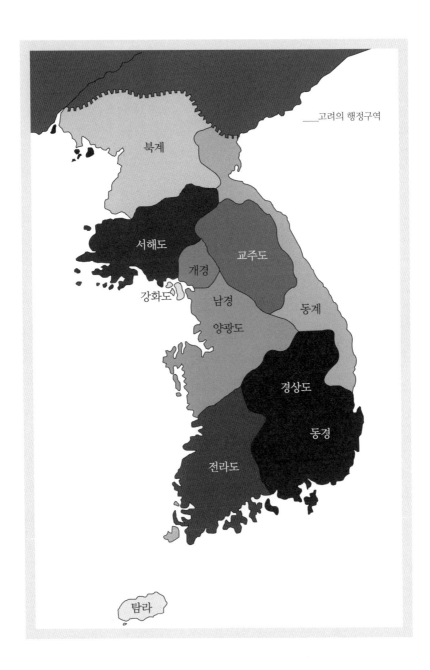

고려의 행정구역

북계

서해도

교주도

개경

강화도

남경

양광도

동계

경상도

동경

전라도

탐라

게 하는 것이 국가의 장구한 계책이 아니다.[《고려사절요》1232년 6월]

몽골에 화의和議를 청하고 그들을 상국上國으로 받드는 게 낫다는 주장이다. 백성에 대한 살가운 정이 스며 있다. 한편, 회의장 문을 밀치고 들어온 야별초夜別抄 지유指諭 김세충金世沖(?~1232)은 "송경松京(개경)은 태조 때부터 역대로 지켜온 것이 무려 2백 여 년이 되었다. 성이 견고하고 군사와 양식이 족하니 힘을 합해 지켜서 사직을 호위해야 마땅할 것인데, 이를 버리고 가면 장차 도읍할 땅이 어디냐"[《고려사절요》1232년 6월]라며 천도를 반대했다. 유승단이 평화적 해결책을 제시한 반면 김세충은 적극적 대결론을 편 것이다.

최씨 정권은 마침내 김세충을 죽이는 극단적인 조치를 통해서야 천도를 단행할 수 있었다. 최우가 김세충에게 어찌하면 개경을 지켜낼수 있을지 그 방책을 구체적으로 말해보라고 했는데, 김세충이 머뭇머뭇대며 대답하지 못했다. 이것이 죽임의 빌미가 되었다. 개경을 고수하자는 주장은 명분의 선명함에도 불구하고 현실감이 부족하다는 한계가 있었던 것이다.

유승단이 제시한 대책, 즉 사대론事大論은 현실적인 대책으로 보일수 있다. 그러나 그렇지가 않다. 송나라 같은 한족漢族 왕조에는 가능한 얘기지만 몽골은 아니다. 요나 금과 같은 북방민족에 대한 형식적사대관계로 끝날 일도 아니었다. 몽골은 초원에서 약탈하며 살아가는자신들의 생활방식 그대로 이민족을 대했다. 저항하면 죽이고 항복하면 살리지만, 그들의 '노예'가 되어야 한다. 항복해 섬김은 나라가 망하는 것이다.

조정의 대체적인 의견은 천도 반대였다. 그런데 천도문제를 다루는 회의에서 천도의 가부可否만이 논의에 올랐을 뿐 어느 곳으로 도읍을 옮길 것인지에 대해서는 일절 언급되지 않았다. 이것은 천도문제가 공식 논의될 때 이미 강화가 천도의 최적지로 내정되었음을 의미한다. 최우에 의해서 결정된 강화도이지만, 천도를 기정사실로 전제했을 때 강화도를 반대하는 사람은 없었다는 이야기다.

고종은 끝까지 천도를 망설였다. 그러나 그 역시 천도지로 강화江華를 반대하지는 않았다. 그는 왕위에 오르기 전에 일정 기간 강화에서 생활했었다. 그 사연은 이렇다. 명종明宗(1170~1197) 말기에 최충헌이 권력을 장악했다. 최충헌은 명종을 폐위시켜 창락궁에 가두고 태자 왕숙王璹(훗날 강종)을 강화도에 유배했다. 이때 왕숙의 여섯 살짜리 아들인 왕진王瞋(훗날 고종)도 아버지를 따라 강화도에 왔다.

그런데 강종康宗(1211~1213)이 즉위하자마자 왕자 왕진이 안악현(지금의 황해남도 안악군)에서 개경으로 돌아왔다는 기록이 있다. 아버지와 함께 강화도에 유배됐던 왕진이 언젠가 안악현으로 옮겨졌다가 아버지가 즉위하면서 유배에서 풀려 개경으로 돌아갈 수 있었던 것으로 짐작된다. 고종이 즉위하기 전에 강화도에서 산 적이 있다는 사실은 다음에 나오는《고려사》의 기록을 통해 확인할 수 있다.

임장경 등을 급제시켰다. 왕이 강화에 있을 때에 그 지역 사람인 위원韋元에게서 글을 배운 일이 있었다. 이번 과거에 그가 급제했기에 왕이 내정內庭으

___ 고종 왕릉 홍릉을 지키는 문인석

로 불러들여 임시로 내시에 소속시키고, 의복과 금은·안장 갖춘 말, 술과 과일을 내려주었다.[1225년 3월 26일]

고종이 강화 천도에 마침내 응하게 된 것은 외적의 침략에 맞서기 적합한 섬이라는 특성 외에도 자신이 어린 시절을 보낸, 낯설지 않은 땅이라는 것도 영향을 주었을 것이다. 마지못해 천도를 결정하고 강화로 온 고종이지만, 강화도에서 한 해 두 해 살다보니 천도를 잘한 일이라고 생각하게 된 것 같다.

"다행히 진양공 최우가 충성을 바쳐 사직을 호위하고 계책을 내어 변에 응했으며 심지어 몸소 승여乘輿(임금이 타는 수레)를 받들고 물을 건너 도읍을 옮긴 덕으로 사직이 편안"[《고려사절요》 1253년 6월]해졌다며 최우를 칭송한 것이다. 당시의 실권자인 최항을 의식한 정치적 발언이라고 해도, 그 내면에 천도에 대한 긍정적 인식이 있었음을 엿볼 수 있다. 하여간 힘겹게 이루어진 천도였다.

최우는 몽골이 수전에 약하다는 사실을, 그래서 섬으로 백성을 옮기면 방어가 쉬울 것이라는 생각을 어떻게 하게 됐을까? 유사시 해도 입보海島入保 계획은 최충헌 집권기부터 이미 마련되고 있었을 것이라고 한다.[강재광] 1216년(고종 3), 금나라의 포선만노蒲鮮萬奴가 몽골군을 피해 고려 북계의 어느 섬으로 피신한 적이 있었다. 몽골군은 섬으로 숨어버린 포선만노를 공격하지 못했다[포선만노는 이후에 동진국을 세우게 된다]. 이 사건으로 몽골의 약점을 직접 확인한 최충헌은 해도 입보책을 세우게 됐고, 최우 때에 실행에 옮겨졌다는 것이다.

고려의 해도입보는 북계 지역에서부터 빠르게 진행되었다. 몽골의 1차 고려 침략이 시작되고 불과 20여 일 만에 황주黃州(지금의 황해도 황주)와 봉주鳳州(지금의 황해도 봉산)의 백성이 수령의 지휘 아래 철도로 몸을 피한 것이다. 철도입보鐵島入保는 1231년 9월에 이루어졌으며 10월에는 함신진 주민들이 신도薪島로 들어갔다.

철도입보 3개월 뒤인 1231년(고종 18) 12월, 승천부 부사 윤린과 녹사 박문의는 강화가 난을 피할 만한 곳이라고 최우에게 보고한다. 이러한 과정을 거치면서 최우는 강화도로 도읍을 옮길 뜻을 굳히게 되고, 이후 유승단·김세충 등의 반대를 극복하면서 천도를 단행하게 되는 것이다.[윤용혁] 개성에서 약 30킬로미터 떨어진 강화도가 이제 고려의 새로운 수도가 되었다.

왜 몽골 제국은 강화도를 치지 못했는가

최우와 최항

후백제를 열던 견훤의 위세는 당당했다. 거칠 것이 없었다. 그러나 세월이 흐르면서 그도 늙었다. 견훤은 말년에 넷째 아들에게 왕위를 물려주려 했다. 그러자 큰아들이 아버지를 금산사에 가두고 동생을 죽였다. 절에 갇혀 있던 견훤이 겨우 탈출해 왕건에게 도망가 항복하는데, 눈물 흘리며 말하기를 "내가 자식을 잘못 둔 죄로 대낮에 얼굴을 들고 다닐 수 없게 되었소" 했다고 한다.

견훤뿐인가. 역사에 이름을 남긴 인물들 가운데 자식 농사를 제대로 짓지 못해 한스럽게 말년을 보낸 이들이 많다. 조선 태조 이성계도 마찬가지다. 사람들은 말한다. 세상에서 가장 어려운 농사가 자식 농사라고. 공감한다. 정말 마음먹은 대로 되지 않는 것이 자식 농사다.

무신집권자 최우는 자식을 어떻게 키웠을까?

최우를 이어 집권하는 최항이 그의 아들이다. 최항의 원래 이름은 만전萬全이었다. 만전이 무리를 풀어 백성을 겁박해 곡식을 거두고 땅뙈기를 빼앗아 배를 불림에 그 원성이 대단했다.

1247년 여름, 형부상서 박훤은 용기 내어 최우에게 다음과 같이 건의했다.

전쟁으로 민심이 불안한 때, 만전이 남쪽 지방에서 문제를 일으키니 걱정이다. 이대로 두면 백성들이 싸우기는커녕 몽골군에게 투항할 염려가 있다. 만전을 불러들이고 그의 무뢰배들을 벌 주고 백성들을 위로해야 한다.”

최우는 박훤의 건의를 받아들여 곡식을 풀어 백성들에게 돌려주고, 땅문서를 불태웠으며, 못된 무리를 잡아 가두었다. 백성들은 만세를 불렀다. 멋지게 일을 처리한 최우다. 그러나 그는 아들을 용서하고 박훤을 흑산도로 귀양 보냈다. 부자지간을 '이간' 한 죄였다. 최우는 자식에 대한 비뚤어진 애정 때문에 일을 그르쳤다.

이후 또 다른, 크고 작은 '만전들' 의 수탈이 끊어지지 않았다. 전쟁 막바지로 가면서 몽골에 투항하는 백성이 많았다. 박훤의 우려는 현실이 되었다.

왜 몽골 제국은 강화도를 치지 못했는가

뚫리지 않는 자연의 방패,
강화도

강화 황산도

사람 힘 빌리지 않아도 자연 그대로의 강화도는 철옹성이다. 이 강 저 강 모두 모여 함께 흐르는 강화해협. 물살이 너무 거세 고려인조차 함부로 배 부리지 못한다. 썰물에 드러나는 드넓은 갯벌, 침략군에겐 지뢰밭보다 더 무서운, 말 그대로 불가항력.

제일 높은 울타리, 바다

강화도 조정이 수군을 강화하고 성곽을 겹으로 쌓아 몽골의 침략에 대비했음을 앞에서 살펴보았다. 더해서 강화도의 자연환경도 몽골의 발을 묶는 강력한 무기 구실을 했다. 이제 그 내용을 들여다보자.

강화도는 산악의 배치와 부속 도서의 위치가 방어에 적절한 구조로 되어 있다. 남단의 마리산摩利山(마니산, 472미터)은 물론이고 강화 읍내를 외곽으로 둘러막은 혈구산(466미터)은 천연의 방어기지가 된다. 고려의 왕궁이 있었던 지금의 강화읍은 남산과 북산(강화도 정부 시기에는 송악산)이 둘러싸고 있으며 서쪽은 진달래로 유명한 고려산(436미터)이 막아주고 있다. 별궁과 큰 절 그리고 유력자들의 집이 있던 견자산은 높지는 않으나 동쪽을 지켜내는 또 하나의 방어벽이 되었다.

고려 당시 고려산에는 산성이 있었다. 둘레가 1,200미터 정도였다는데, 지금은 일부 흔적만 남아 있다.[강화군·육군박물관] 가능성이 크지는 않지만 고려산 산성은 강화도 서쪽 해안으로 외적이 침공하면 그들을 막는 1차 방어선 역할을 할 수 있는 곳이다. 반대 방향의 외침에도 효과적으로 대응할 수 있다. 즉, 강화도 동쪽으로 쳐들어온 외적에게 궁성이 함락된다면 서쪽으로 피신해야 하는데, 고려산과 산성은 안전한 피신에 필요한 시간을 확보해주는 저지선이 되는 것이다.

강화 본 섬 외에 교동도喬桐島 그리고 보문사가 있는 석모도席毛島가 관심을 끈다. 이 섬들은 제2의 피난처 구실을 할 만한 곳이다. 만약 강화도가 함락 위기에 빠진다고 할 때, 교동도와 석모도는 부족하나마 임시수도로서의 규모를 갖추고 있으니 이 또한 몽골군에게는 부담으로 작용했을 것이다.

별초의 활약이 드러나는 것으로 보아 특히 교동도에는 최소한의 방어환경이 확보되어 있었을 것이다. 무신정권 말기, 임유무林惟茂(?~1270)가 야별초로 하여금 교동을 지켜 만약을 대비케 한 것[《고려사절요》, 1270년 5월]도 교동도의 중요성을 되새기게 되는 사례. 조선시대에는 교동도의 전략적 가치가 더 높게 인식되었다. 인조가 경기수영京畿水營을 남양에서 강화도로, 다시 교동으로 옮기는 데서도 조선시대 교동의 지위를 알 수 있다.

교동도와 석모도 외에 볼음도乶音島도 눈여겨볼 만하다. 서도면 볼음도는 삼산면 석모도 서쪽에 있는 자그마한 섬이다. 1259년(고종 46), 몽골에 의해 강화도 성곽이 무너질 때 강화향교가 볼음도로 이전했다. 왜 하필 볼음도인지 그 이유를 알 수는 없다. 다만, 당시의 볼음도에 향교가 오래도록 유지될 수 있는 정치경제적 기반이 닦여 있었을 것이라는 점을 추정할 수 있을 뿐이다. 볼음도는 강화도의 서쪽 끝 지점에 위치하며 중국 쪽에서는 가장 가까운 곳에 해당한다. 최후의 피난처로서의 기능을 수행할 만한 곳으로 여겨진다.

자! 이제 바다로 가보자. 바다는 넓은 세상으로 나아가는 길이다. 또 바다는 외부의 침략자를 막는 울타리다. 강화의 바다는 가장 튼튼한 울타리였다. 지금 강화도와 김포 사이의 바다를 강화해협 또는 염하鹽河라고 부른다. 북으로 연미정에서 남쪽 황산도에 이르는 해역으로 대략 20킬로미터 거리다. 폭은 400~1,500미터에 불과하다.[범선규] 바다라고 하기에 어울리지 않을 정도로 좁다. 그러나 대몽항쟁 당시에는 넓었다. 아주 넓었다. 해안선도 지금과 비교할 수 없을 만큼 복잡했고 그에 따라 물의 흐름도 예사롭지 않았다.

강화도는 조석간만潮汐干滿의 차이가 크며 물살이 험하다. 동해안은 만조와 간조의 수위 차이가 30센티미터에 불과하고, 남해안도 1~2미터 정도다.[홍재상] 그러나 서해안인 인천은 만조의 최고 수위가 9.27미터에 달한다. 인천과 가까운 강화 지역의 간조와 만조의 차이도 이와 비슷하다.

조수가 오르내릴 때는 바닷물의 수평 운동인 조류가 발생하는데, 좁은 만이나 해협에서는 왕복성 조류가 흐르게 된다. 이때 들어오는 것을 밀물, 나가는 것을 썰물이라고 한다. 조류는 조차潮差가 클수록 빨리 흐르며 좁은 해협이나 수로를 통과할 때는 유속이 더욱 빨라진다. 그래서 강화해협의 경우 밀물 때 조류 속도가 6~7노트(시속 11~13킬로미터)에 달하게 된다.[최영준]

왜 몽골 제국은 강화도를 치지 못했는가

___ 강화 장정리 오층석탑
고려시대 석탑. 하점면 장정리에 있어서 흔히 '하
점면 오층석탑' 이라고 부른다. 보물 제10호.___

시속 11~13킬로미터는 자동차의 주행속도를 떠올리면 대수롭지 않은 속도다. 그러나 물 흐르는 속도로 보면 1초에 3~4미터를 지나는 셈이므로 굉장히 급한 유속이라 할 수 있다. 더구나 강화해협 안으로 한강과 임진강 그리고 예성강 물이 흘러들기 때문에 물살이 더욱 거칠고 사나워진다. 배 띄우기가 위험한 것이다.

교동도와 강화도 사이, 강화의 서쪽 바다는 염하에 비해 한결 평온하다. 그럼에도 다음과 같은 일이 생겼다. 2010년 8월 11일 아침, 강화군 교동도에서 물 건너 하점면 창후리로 향하던 140톤급 여객선이 암초에 걸리는 사고가 났다. 근처에 있던 다른 여객선이 승객들을 구조했다. 해운회사는 배를 조종하기가 어려울 정도로 갑자기 물살이 빨라지면서 배가 휩쓸려 갔다고 했다. "물발이 세니까 키가 말을 안 들은 거예요. 그래서 바위가 있는지도, 우리가, 선장은 다 아는데 그거를 미처 챙기지 못한 거죠." 선착장 관리소장의 말이다.[MBC 뉴스]

대몽항쟁 당시 강화도의 동쪽 해안은 S자형 굴곡이 심했다. 물 건너 김포 해안도 마찬가지였다. 여기에 밀물과 썰물의 변화가 더해질 때 대규모 선단이 바다를 건너는 것은 모험에 가까운 일이다. 현재 강화도 동안東岸이 암벽과 평야가 이어지는 완만한 곡선으로 전개되고 있는 것은 고려 말부터 현대까지 이루어진 대규모 간척 사업의 결과다.

왜 몽골 제국은 강화도를 치지 못했는가

손돌이 알려준 염하의 물길

염하의 물살이 사나운 것과 관련해서 옛날부터 강화와 김포 지역에 전해지는 이야기가 있다. 손돌孫乭 전설이 그것이다.

손돌은 뱃사공이다. 어느 임금이 난리를 피해 강화도로 오게 되었을 때, 임금을 모시고 강화도로 건너게 되었다. 임금과 신하들이 보니 손돌이 물살이 세고 위험한 곳으로만 배를 저어 가고 있었다. 잔잔한 곳으로 가도록 명했지만 손돌은 듣지 않았다. 의심이 인 임금은 그 자리에서 손돌의 목을 치게 했다. 손돌은 죽기 직전 바가지 하나를 꺼내 놓으며, "내가 죽거든 이 바가지를 물 위에 띄워 흐르는 대로만 배를 저어가시오"라고 말했다. 그러면 여울을 피해 무사히 강화 섬에 닿을 것이라 했다. 그가 죽임을 당하고서 물결이 더욱 거칠어지고 배가 흔들렸지만 손돌이 당부한 대로 바가지를 띄우고 무사히 건널 수 있었다. 충성스러운 백성을 의심해 죽인 임금은 곧 후회하며 손돌의 사당을 짓고 그의 원혼을 위로하게 했다.

그가 죽은 10월 20일에는 영락없이 추위가 온다 하는데 이를 '손돌추위'라고 하며 이날 부는 세찬 바람을 '손돌바람'이라 한다. 손돌이 처형된 곳을 '손돌목'이라 부르는데 지금의 광성보(불은면 덕성리, 사적 제227호) 끝자락 용두돈대 앞이다. 용두돈대에서 마주보이는 김포 땅 덕포진에는 손돌의 것으로 말해지는 무덤이 있다. 매년 음력 10월 20일, 손돌 묘에서 김포문화원이 주관하는 '손돌공 진혼제'가 열린다.

손돌목의 물살이 거친 이유를 《대동지지大東地志》 강화江華 산수조山水條에서는 다음과 같이 설명하고 있다. "손돌항에는 돌다리[석량石梁]가 굳세게 뻗쳐 있어 물밑이 마치 문지방[역閾]과 같은데, 중앙이 약간 오목하여 조수가 들고 날 때 수세水勢가 매우 급하며 또한 물밑 돌부리[석각石角]가 마치 깊은 낭떠러지 같으며 파도가 굽이치며 흐르는데 여울과 같이 빠르게 흐르기 때문"[박광성]이라는 것이다.

우의정 채제공이 아뢰기를, "전 방어사 임률의 장계에 의하면 '…… 해서海西 관서關西의 뱃길은 모두 강화 뒤쪽으로 통하지만, 삼남三南의 뱃길 중 하나는 덕적도 앞바다로부터 본도本島[교동도]를 스쳐 지나 강도의 뒤로 통하고, 하나는 영종도로부터 강도 앞으로 통합니다. 강도 앞바다에는 험한 손돌목이 있으니 적이 만약 수세水勢의 험하고 평탄함을 안다면 어찌 덕적도의 뱃길을 버리고 도리어 험한 손돌목을 취하겠습니까. 이를 가지고 따져 볼 때 서쪽과 남쪽으로 통하는 뱃길의 요충으로는 본도本島보다 나은 곳이

　　　왜 몽골 제국은 강화도를 치지 못했는가

___ 손돌목

강화군 불은면 광성보에 용두돈대가 있다. 용두돈대 앞바다가 손돌목이다. 마주보이는 곳은 김포
땅 덕포진인데, 그곳에 손돌이 묻혔다고 전하는 묘가 있다.___

없습니다' …… 라고 했습니다."

조선 정조 때의 우의정 채제공이 임률의 장계를 빌려 임금에게 올
린 말 중 일부다. 교동도의 중요성을 강조한 이 글을 통해 삼남三南에
서 올라오는 조운로漕運路가 염하 외에 교동 앞바다로 돌아가는 길도
있었음을 알 수 있다. 염하에는 손돌목이 있어 사고의 위험이 컸기 때
문이다. 조선 사람이 손돌목의 험로를 의식해 교동으로 우회할 정도
였다면 물에 익숙하지 않은 몽골군에게는 공포의 대상이 되었을 것이
다. 염하 전체가 손돌목은 아니다. 그러나 손돌목의 존재는 염하의 험
난함을 상징적으로 보여준다.

《세종실록지리지世宗實錄地理志》에 실린 다음의 내용은 태천군의 인
물인 상장군 변여邊呂를 소개한 것인데, 그 안에 거친 염하의 모습이
드러나 있다.

인물人物은 상장군上將軍 변여邊呂다.[고려 사람이다. 고종 19년(1232)에 몽고병
이 와서 송경松京을 에워싸므로, 국가가 강화도로 피하매, 적병이 배를 만들어 가
지고 치려고 했다. 이때에 변여가 향호鄕戶로써 붙잡혔는데, 적이 강화로 가는 수
륙水陸의 길을 물어 단근질[포락炮烙]까지 가했으나, 변여가 말하기를 "육로陸路는
불통不通이고, 수로水路는 몹시 험하다" 하고 끝끝내 말하지 아니하니, 적병이 이를
믿고 배를 불사르고 물러갔다. 그러므로 국가에서 이 벼슬을 주었다.]

염하에는 물에 익숙한 사람만이 알 수 있는 안전한 길이 존재하는

___ 강화군 길상면에 있는 이규보 묘

이규보는 고려의 대문장가이자 관료다. 강화도 정부 시절에 외교 문서 작성 등을 담당하였다. 팔만대장경 조성 사업이 시작될 때, 대장각판군신기고문大藏刻板君臣祈告文을 지었다. 문집으로 《동국이상국집》이 있다.

것이다. 겉으로 보이는 물결의 흐름만을 보고 건너는 것은 위험한 일이었다. 그래서 강화도 조정에서 외교 문서를 담당하던 이규보李奎報(1168~1241)는 다음과 같이 자신에 넘치는 글을 남길 수 있었다.

오랑캐들이 아무리 완악하다지만 어떻게 이 물을 뛰어 건너랴
저들도 건널 수 없음을 알기에, 와서 진 치고 시위만 한다오
누가 물에 들어가라 말하겠는가. 물에 들어가면 곧 다 죽을 텐데.

[《동국이상국집東國李相國集》]

왜 몽골 제국은 강화도를 치지 못했는가

물보다 겁나는 강화 갯벌

영국 펜랜드 지역의 워시 만The Wash 안에 엘리 섬을 비롯해 여러 섬이 있었다고 한다. 지금은 간척으로 육지가 되었지만, 섬이었을 당시에는 왕이나 제후들이 이곳으로 피난하곤 했다. 섬으로 들어가면 침략자의 공격에서 벗어날 수 있었다. 엘리 섬이 안전한 피난처가 되었던 것은 갯벌로 둘러싸여 있었기 때문이다.[최영준] 갯벌은 방어하는 처지에서 보면 신의 선물이다. 하지만, 공격하는 자에게는 너무 벅찬 장벽이다.

강화도는 갯벌 나라다. 동서남북 드넓은 갯벌이다. 몽골군은 물에 대한 두려움보다 갯벌에 대한 두려움이 더 컸을지도 모른다. 만약에 몽골군이 강화도 침공을 단행했다면 밀물 때를 택했을까, 썰물 때를 택했을까. 만조와 간조가 하루에 두 번씩 일어나는 상황에서 공격 시각을 정하는 것은 수월치 않은 문제다. 상식적으로야 밀물 때 쳐들어가는 것이 옳다. 그런데 밀물에 침공을 시작하면 상륙하기도 전에 강화도 외성 수비군의 공격을 받게 된다. 강화도에는 수비 병력이 상당히 많았다.

경군京軍 1만 정도 외에도 야별초 그리고 최우의 사병집단 등 고려의 정예부대가 집결해 있었다.[윤용혁] 1233년 필현보와 홍복원이 서경에서 반란을 일으켰을 때 최우가 진압군으로 보낸 병력은 자신의 가병家兵 3천 명이었다. 가병 3천을 보낸 데에서 그의 사병 규모가 매우 컸음을 짐작하게 된다.

여기에 강화 원주민과 개경 이주민 중에서 수비병을 보강했을 것이다. 1235년(고종 22) 몽골의 3차 침략이 시작되자 고려 조정은 지금의 경기도 광주와 서울 지역의 주민들을 강화도로 들어오게 했다. 수비를 강화하려는 조치였다. 이로 보아 당시 강화도 수비군의 규모가 상당했음을 알 수 있다.

밀물 때의 침공이 어려운 이유가 또 있다. 물이 빠지기 전에 공격을 마쳐야 한다는 압박감이 크다는 점이다. 물이 썰기 시작하면 배가 갯벌에 얹히는 위험이 있기 때문이다. 그런데 물이 들어온 지 몇 시간만에 외성을 함락시킬 수는 없었을 것이다.

그럼 썰물 때에는 상륙이 수월할까. 우선 배를 대기가 마땅치 않다. 외성에서 일정한 안전거리를 확보하고 병사들이 배에서 내린다고 해도 갯벌이 전진을 어렵게 한다. 군마는 물론이고 병사들조차 질퍽한 갯벌을 신속하게 통과하기 어렵다. 힘겹게 앞으로 나서다가 고려군의 화살에 쓰러지기 십상이다.

일반적으로 갯벌은 모래갯벌, 펄갯벌, 모래펄갯벌로 나뉜다. 강화도는 대표적인 펄갯벌 지역이다. 펄갯벌을 흔히 개펄이라고 하는데 깊이가 수미터에 이르는 곳이 많고 함수량이 높아 걸을 때 허벅지까지 빠지는 것이 보통이다.[홍재상] 더구나 당시의 강화 해안은 지금보다 갯벌이 훨씬 넓었다.

어릴 적에 가끔 봤던 전쟁영화에서 가슴 졸이던 부분은 주인공이 지뢰를 밟는 장면이었다. 나쁜 이를 공격하던 착한 이가 결정적인 순간에 지뢰를 밟는 절체절명의 위기! 그러나 주인공은 아슬아슬 지뢰를 끊어내고 마침내 승리한다. 뻔한 결말을 짐작하면서도 손에 땀이 뱄었다.

갯벌은 지뢰밭보다 더 무섭다. 지뢰는 피해 가면 되지만, 갯벌은 피할 곳이 없다. 그래서 몽골군은 '갑옷만 쌓아놓아도 건너갈 수 있다'[《신증동국여지승람》]며 호기만 부렸을 뿐, 강화도에 발을 들여놓지 못했다. 시인 함민복은 강화도 갯벌을 '말랑말랑한 힘'으로 묘사했다. 딱딱한 땅에서 거칠 것 없던 몽골의 말발굽이 그지없이 부드럽고 말랑한 갯벌 앞에서는 얼어붙고 마는 것이다.

조선 후기의 실학자 이중환李重煥(1690~1756)이 1751년(조선 영조 27)에 《택리지擇里志》를 지었다. 다음 글은 《택리지》 팔도총론 경기편에 들어 있는 강화에 대한 기록 가운데 일부를 옮겨온 것이다. 이중환은 강화도의 자연조건이 외적의 침략을 막기에 딱 좋았다고 평한다. 배에서 육지로 오를 수 있는 곳이 거의 없었다는 점, 질퍽한 갯벌이 적의 상륙을 막았다는 점을 요인으로 꼽았다.

___ 강화 전성

조선 영조 때 강화유수 김시혁이 외성을 다시 쌓았다. 김시혁은 돌이 아닌 벽돌로 성을 쌓게 했다.
전성磚城이다. 이후 전성이 무너진 곳에 다시 석성石城을 쌓는 식으로 보수가 계속됐다. 지금 불은면
오두돈대 아래 일부 구간에 전성이 복원됐다. 사진은 복원 직전의 모습이다. ___

___월곶돈대

강화도 해안을 빙 둘러 54개의 돈대가 세워졌다. 대부분 조선 숙종대에 세운 것이다. 월곶돈대는 월
곶진에 소속된 돈대의 하나인데 그 안에 연미정이 있다. 연미정은 고려시대부터 있었던 정자다. 정
묘호란 때 이곳에서 조선과 후금이 화의 교섭을 벌였다. 강화읍 월곶리 소재.___

강화부는 남북 길이가 100여 리고 동서로는 50리다. 부府에는 유수관을 두어 다스린다. 북쪽으로는 풍덕豊德의 승천포昇天浦와 강을 사이에 두고 마주했고 강 언덕은 모두 석벽이다. 석벽 밑은 바로 수렁이어서 배를 댈 곳이 없고, 오직 승천포 건너편 한 곳에만 배를 댈 만하다. …… 동쪽 갑곶에서 남쪽 손돌목에 이르기까지 오직 갑곶만 배로 건널 수 있고, 그 외의 언덕은 북쪽 언덕과 같이 모두 수렁이다. …… 그러므로 승천포와 갑곶 양쪽만 지키면 섬 바깥은 강과 바다가 천연적인 해자가 된다. …… 지금 임금[영조] 병인丙寅년에 강화유수 김시혁金始㷜이 장계를 올려, 강을 따라 성을 쌓도록 청하므로 조정에서 허가했다. 김시혁은 동쪽부터 성을 쌓기 시작했는데 북쪽은 연미정燕尾亭에서 남쪽은 손돌목까지였다. 역사를 마치자 임금은 김시혁을 발탁해 정경正卿으로 삼았다. 얼마 안 되어 장마에 성이 무너졌으나, 성을 쌓을 때 평지에서 수렁을 만나면 흙과 돌로 메워서 기초를 다졌었다. 그래서 강 언덕이 모두 견고해져 사람과 말이 통행할 만하고, 강을 따라 40리나 되는 곳곳에 배를 댈 수 있게 되어 강화 섬도 이제는 지키기 어렵게 되었다.

강화도 해안은 대개 절벽이고 그 아래로 갯벌이었다. 그래서 이중환은 승천포와 갑곶 외에는 배를 댈 만한 곳이 없었다고 말했다. 《일사기문逸史記聞》에는 병자호란 당시에 배 댈 곳이 '갑곶·광성·연미정·승천포, 네 나루뿐이요, 그 나머지는 물길이 험악해 쉽사리 배를 띄울 수 없으며' 라고 적혀 있다.

광성과 연미정이 추가됐지만, 고려 대몽항쟁기의 강화에는 배를 댈 곳이 극히 제한되어 있었음을 알 수 있다. 그렇다면 대규모 전선이 강화도에 상륙하기는 정말 어려운 일이다. 병목현상을 피할 수 없으니 말이다.

그런데 위에서 인용한 《택리지》 내용에서 짚어볼 게 있다. '지금 임금[영조] 병인년에 강화유수 김시혁이 성을 쌓겠다고 해서 조정에서 허가했다'고 했다. 영조 병인년은 1746년(영조 22)이다. 그런데 1746년 강화유수는 김시혁이 아니라 한현모韓顯謨(1693~1748)였다. 한현모는 무너진 외성 일부를 개축했다. 《조선왕조실록》에 의하면, 김시혁이 강화도 외성을 다시 쌓은 것은 1742년(영조 18)부터 1744년(영조 20)까지 3년간이었다.

김시혁이 개축改築한 성이 무너지는 바람에 강화 곳곳에 배 댈 곳이 많아져서 지키기 어렵게 되었다고 지적한 부분도 다시 검토해볼 필요가 있다. 김시혁의 축성 이전에 이미 강화도는 배 댈 곳이 많고 그만큼 인마人馬의 통행이 자유로운 환경으로 바뀌어 있었기 때문이다.

숙종 때인 1709년의 강화도 해안은 '바다의 개펄 습지가 지금은 모두 단단해 배가 정박할 수 있는 데 아닌 곳이 없는[海泥沮洳, 今皆堅實, 無非船泊之所]' 상태가 되어 있었다.[《조선왕조실록》 1709년 2월 8일] 이러한 변화는 1679년(숙종 5) 돈대 축조를 전후해 나타난 현상으로 보인다.

움직이는 얼음 병정, 성엣장

강화도가 갖는 자연적 방어조건으로 유빙流氷, 그러니까 성엣장의 존재도 빼놓을 수 없다. 강화도와 김포 사이를 흐르는 염하가 겨울철에 유빙으로 길이 막히는 현상을 주의 깊게 볼 필요가 있다. 겨울철 염하는 크고 작은 유빙들이 떠 있어 건너다니기가 어렵다. 바닷물이 밀물과 썰물 과정에서 얼어 얼음덩이가 되기도 하고, 한강·임진강·예성강에서 얼음 조각이 흘러들어 오면서 바다가 유빙으로 덮여버리는 날이 많다. 이럴 때에는 뱃길이 끊긴다.

조선시대에도 겨울에 염하 건너기가 불가능한 것으로 인식되고 있었다. 조선 숙종 때에 강화도에 성곽을 쌓는 문제에 대한 논의가 있었다. 숙종이 이기하·조태구를 강화도로 보내어 형편을 알아보도록 했는데, 이기하가 돌아와서 임금에게 보고하는 말 가운데 "갑곶은 얼음덩이로 겨울에는 배가 통할 수 없게 되어[甲串氷澌, 冬不通船]" 있다고 하

는 부분이 있다.[《조선왕조실록》1709년 2월 8일]

강화대교가 생기기 전 1960년대까지 강화에서 뭍으로 나가려면 '엠쁘드'라고 부르던 배를 타야 했다. 그런데 얼음덩이가 바다를 막으면 며칠씩 발이 묶였었다. 지금도 유빙이 뱃길을 막기는 마찬가지다. 아래 글은 2011년 1월 20일자 연합뉴스 기사다.

인천 앞바다에 얼음 덩어리[유빙流氷]가 떠다녀 20일 인천과 섬 지역을 오가는 12개 항로 가운데 3개 항로 여객선 운항이 4일째 통제됐다. 운항관리실에 따르면 최근 한강과 임진강 주변의 염도가 낮은 바닷물이 결빙되면서 생긴 유빙이 인천 강화도와 영종도 근해를 뒤덮은 채 녹지 않아 주변 운항선박의 안전을 위협하고 있다. 이에 따라 이날 오전도 영종도~장봉도와 강화도 일대 2개 항로(외포리~주문도, 하리~서검도)의 여객선 운항이 중단됐다.

겨울철에 뱃길 막히는 게 왜 몽골군에게 부담을 준다는 말인가. 일 년 열두 달 가운데 한 달 정도 막힌다고 그게 무슨 대수인가. 여름에 강화도를 공격하면 되지 않는가? 그런데 그게 말처럼 쉽지 않았다. 몽골군은 일 년 내내 계속해서 전쟁을 수행하기가 곤란한 처지였다. 주로 겨울에 전투를 벌이고 봄이 되면 돌아가야 하는 그들에게 한 달 정도의 유빙기流氷期는 강화도 침공을 시간상으로 제약하는 또 다른 요인이 되었다.

＿＿성엣장 가득한 염하

고려의 외성, 조선의 외성

강화도 동쪽 해안도로 바깥쪽으로 고려시대 외성이 있었다고 보는 경우가 있
다. 그 자리에 조선시대 후기에 다시 쌓은 것이 지금 볼 수 있는 외성이라는
것이다. 그렇지가 않다. 고려 때 쌓은 외성과 조선시대에 쌓은 성은 그 위치가
다르다고 보아야 한다. 갑곶돈대에서 초지진 방향으로 해안도로를 타고 이동
하면서 보게 되는 그 논들 대부분이 고려시대에는 바다였다.

고려시대에 외성을 쌓은 시기는 1233~1237년으로 대몽항쟁 초기의 일이
다. 구불구불한 동쪽 해안을 간척해서 지금의 모습과 비슷하게 만든 것은
1256년(고종 43)의 일이다. 외성 쌓고 대략 20년 뒤에 바다를 막아 농토로 만
든 것이다. 조선시대에도 간척은 이어졌다. 따라서 조선 후기에 해안가에 쌓
은 성은 그 당시까지 간척이 이루어진 땅끝 해안에 있다고 보는 것이 옳다.

고려시대 외성의 상당 부분은 해안가에 위치한 지금의 외성에서 안쪽(서
쪽)으로 꽤 많이 들어와 있었던 것이다. 그렇다고 해서 고려시대 외성과 조선
시대 외성이 전혀 별개의 성이라고 할 수는 없다. 중첩되는 곳도 꽤 있었을
것이기 때문이다.

섬과 뭍 맞잡은 손

남한산성

치열한 공격이었다. 수비는 더 치열했다. 까마득한 산 위에 돌성을 쌓고 몽골군에 맞서는 백성의 심정이 어떠했을까. 임금이시여 ……, 어디 김윤후뿐이랴. 역사에 이름 한 줄 남기지 못한 수많은 백성의 눈물겨운 항쟁. 몽골군은 곳곳에서 궁지에 몰리곤 했다.

성에서는 몽골군보다 한 수 위

강화도의 지형조건이 아무리 방어에 유리하다고 해도, 강화도 수군의 세가 아무리 강하다고 해도, 육지 백성이 일찌감치 강화도 조정을 버렸다면, 그래서 강화도 정부가 망망대해에 떠 있는 외로운 섬 하나 같은 존재가 됐다면 장기간의 대몽항쟁은 불가능했다. 육지의 백성들은 '미워도 내 임금, 내 나라'라는 마음으로 몽골에 맞서 싸웠다. 그리고 믿기지 않는 승리를 거두곤 했다. 백성의 힘 덕분에 강화도 조정은 오래도록 항전을 지속할 수 있었다.

고려 침략 당시의 몽골군은 보병 전법과 공성전에도 상당히 익숙해져 있었다. 대외 정복활동을 시작할 때 그들의 공성전은 '손으로 더듬 듯' 미숙했다.[르네 그루쎄] 평원에서의 싸움은 천하무적이었지만, 굳게 잠긴 성을 함락시키는 데는 너무도 서툴렀다. 그러나 호레즘·서하·금 등과 전쟁을 치러가면서 공성전 기술을 익혀갔다. 성을 공격하는 데 쓰는 위력적인 무기들도 갖추어갔다.

몽골군은 고려에서의 공성전에 지금까지 자신들이 겪은 전투 경험을 토대로 다양한 방법을 동원했다. 1차 침략 때인 1231년(고종 18)에 벌어졌던 귀주성龜州城[지금의 평안북도 구성시] 전투를 통해 그들의 전법戰法을 살펴보도록 하겠다. 아래 소개한 글은 《고려사》〈박서朴犀 열전〉에서 옮겨온 것이다.

몽고가 누거樓車와 거대한 평상을 만들어 쇠가죽으로 겉을 싼 뒤, 그 속에 군사를 감추고 성 아래로 접근해 굴을 뚫기 시작했다. 박서가 성벽에 구멍을 파 쇳물을 부어서 누거를 불태우자, 땅도 꺼져버려 몽고군 30여 명이 압사했다. 그리고 썩은 이엉을 태워서 나무 평상을 불사르자 몽고군이 놀라 우왕좌왕하다가 흩어졌다. 몽고가 다시 대포차大砲車(투석기) 15문으로 성의 남쪽을 공격해 상황이 매우 급박해지자 박서는 다시 성 위에 언덕을 쌓아올리고 포차砲車로 돌을 날려 적군을 물리쳤다. 몽고가 섶에다 사람의 기름[인고人膏]을 적셔 잔뜩 쌓아놓고 거기다 불을 질러 성을 공격했는데, 박서가 물을 뿌리니 불이 더욱 세차게 타올랐다. 이에 진흙을 가져오게 해서 그것을 물에 섞어 던지니 비로소 불이 꺼졌다. 몽고가 다시 수레에 실은 풀더미에 불을 질러 성루를 공격해오자 박서는 미리 물을 준비해두었다가 망루에서 뿌리니 불꽃이 곧 꺼져버렸다. 몽고는 30일 동안 성을 포위한 채 온갖 방법으로 공격했으나 박서가 그때마다 적절히 대응해 성을 굳게 방어하자 견디지 못하고 퇴각했다.

몽골군은 누거·평상·대포차 등 각종 공성기구를 동원하고 화공법 火攻法까지 사용했지만 귀주성을 함락시키지 못하고 물러가야 했다. "이렇게 작은 성이 대군을 맞아 싸우는 것을 보니, 하늘이 돕는 것이지 사람의 힘이 아니다." 퇴각하는 몽골군은 이렇게 감탄했다.

70세쯤 된 몽골 장수는 이런 말을 남겼다. "내가 성인이 되어 종군하면서 천하의 성에서 전투하는 모습을 두루 보았지만 이처럼 공격을 당하면서도 끝내 항복하지 않은 경우는 보지 못했다. 성 안에 있는 장수들은 훗날 반드시 모두 장군이나 재상이 될 것이다."

귀주성을 지켜내는 데는 병마사 박서와 함께 분도장군[병마사 보좌역] 김경손金慶孫(?~1251)의 공도 컸다. 김경손은 북을 치며 병사들을 독려하다가 팔에 화살을 맞았다. 피가 그치지 않고 흘렀지만, 김경손의 북소리도 그치지 않았다. 커다란 돌덩이가 날아와 김경손 바로 뒤에 있던 병사의 몸을 부쉈을 때, 주변에 있던 이들이 안전한 곳으로 옮기라고 청했다. 그러나 김경손은 꿈쩍도 하지 않고 전투를 지휘했다. "안 된다. 내가 움직이면 우리 군사들의 마음이 흔들릴 것이다." 그는 이렇게 말했다.

2차 침략 때, 거침없이 남하하던 몽골군이 곤경에 빠지게 된 곳은 경기도 광주였다. 당시 광주부사廣州副使 이세화李世華는 광주 지역민과 함께 몽골군을 막아냈다. 광주에서의 승리는 '몽골군이 다시 침입했으나, 광주 주민들은 이에 맞서 몽골군을 격퇴했으며'라고 중학교 국사교과서에 소개되어 있다.

왜 몽골 제국은 강화도를 치지 못했는가

이해 11월 몽고의 대군이 와서 수십 겹으로 포위하고 몇 달 동안을 온갖 계교로 공격했다. 군은 주야로 수비를 튼튼히 하고 수시로 응변하는 일을 그들이 전혀 예측 못할 정도로 했다. 생포하고 죽인 수효가 매우 많아, 오랑캐는 불가한 일임을 알고 드디어 포위를 풀고 갔다. 광주는 남쪽 길의 요해지에 해당하니, 이 성이 함락되었다면 기타의 성은 알 수 없는 일이다. 군이 아니었다면 거의 위태로웠을 것이다.

위 사료는 이세화 묘지명墓誌銘의 일부로, 이규보의 《동국이상국집》에 실려 있다. 광주산성[윤용혁의 연구에 의하면, 광주산성은 지금의 남한산성이다]을 수십 겹으로 둘러쌀 만큼 몽골의 군사는 많았다. 그러나 이세화는 빼어난 전략으로 오래도록 성을 지켜내며 적에게 막대한 피해를 입혔다. 몽골은 더는 어쩌지 못하고 광주산성을 포기한 채 남쪽으로 내려갈 수밖에 없었다.

고려에서 패배보다는 훨씬 승리를 많이 한 몽골군이었지만, 고려인의 강경한 저항에 적잖이 당황했을 것이다. 특히 몽골의 2차 고려 침략 당시 1232년 처인성 전투에서 그들의 총사령관 살리타[撒禮塔]가 김윤후에게 살해된 사건은 충격 그 자체였다.

이전 1차 침략 당시에도 총사령관이었던 살리타는 이미 강동성 전투 때 고려 땅을 밟았던 인물이다.[주채혁] 고려 땅에서의 전투 경험을 소중히 여겨 1차와 2차 침략 때에 연거푸 총사령관이 된 것이다. 더구나 일종의 황제 대행이라고 할 수 있는 권황제權皇帝로서 막강한 권한까지 갖고 있었다. 이런 인물이 일개 지방 성城에서 전사한 것은 몽골

___처인성
경기도 용인시 남사면___

___ 처인성 전투 기록화(서울 전쟁기념관 전시)
승려 김윤후가 적장 살리타에게 활 겨눈 모습을 묘사했다.___

정부에게는 놀라운 사건이었다.

광주산성[남한산성]에서 좌절을 겪은 몽골군이 처인성處仁城(지금의 경기도 용인시 처인구. 당시에는 부곡이라고 불리는 특수행정구역이었다)에 이른 것은 1232년(고종 19) 12월이었다. 몽골군이 안정적으로 남진南進하려면 반드시 장악해야 할 곳이 용인이었다. 그들은 두 번의 실패는 용납하지 않겠다고 전의를 다졌을 것이다. 그러나 처인성에는 김윤후가 있었다.

백현원白峴院의 승려 김윤후金允侯는 승병들과 함께 처인성에 들어와 있었다. 몽골군이 내려온다는 소식을 듣고 처인 부곡민과 인근 지역민 천여 명도 처인성으로 피해 있었다. 높지도 않은 구릉에 둘레 350미터 내외의 조그만 토성. 그곳에는 제대로 된 병사들도 없었다. 절대적으로 고려에 불리한 상황이었다.

그러나 주민들은 김윤후의 지휘를 받으며 치열하게 맞섰다. 전투 중 몽골군 총사령관 살리타가 처인성에서 날아온 화살을 맞고 죽는다. 대장을 잃은 몽골군은 그대로 무너져 퇴각했다. 처인성 맞은 편 구릉에 살리타가 화살을 맞고 죽었다는 장소인 '사장터[死將, 殺將]'가 지금도 전한다.

김윤후가 살리타를 쏘았다고 하지만 다른 의견도 있다. 처인성 전투를 기록한 사서에 서로 다른 내용이 보이기 때문이다. '누가 쏘았는가?'는 흥미로운 질문일 수 있으나, 역사적으로 중요한 의미가 있는 것 같지는 않다. 그래도 한번 짚어보고 넘어가도록 하자.

《고려사》〈세가〉에, 한 승려가 살리타를 활로 쏴 죽였다[撒禮塔攻處仁

___매산리석불입상

경기도 안성시 죽산면

미륵彌勒은 미래불未來佛이다. 아직 이 세상에 오지 않은, 미래에 오실 부처님이다. 중생들이 지치고
지쳐서 미륵을 갈망하는 결정적인 시기에 마침내 오시어 새 세상을 열 것이라고 한다. 미래는 꿈이
고 희망이다. 백성은 삶이 고달플수록 희망에 대한 간절함을 키워간다. 미륵을 기다리는 마음은 절
절한 신앙이 된다.

죽주산성 아래 매산리석불입상이 있다. '태평미륵'으로 불리며 높이는 5.6m이다. 송문주 장군을 기
리며 세운 불상이라고 전해 온다. 궁예는 스스로 미륵이고자 했는데, 송문주는 백성들에 의해 미륵
이 되었나 보다.___

___죽주산성

경기도 안성시 죽산면

방호별감 송문주와 죽주 백성이 이곳에서 몽골군을 물리쳤다. 죽주산성 승리의 또 다른 배경으로
귀주성 전투를 지휘했던 박서朴犀의 존재를 생각해볼 수 있다. 그는 귀주에서 항복 요구를 거부하
고 몽골에 심각한 타격을 가했었다. 뒤에 몽골 사신이 와서 박서를 죽이려고 했다. 그러자 집권자
최우가 "나라에 대한 경의 충절은 아무 데도 견줄 수 없으나 몽골의 말도 두려워할 만한 것이다.
경은 잘 생각해 처신하라"라며 몸 피할 것을 넌지시 권유했다. 이에 박서는 관직을 버리고 물러나
고향인 죽주로 내려왔다. 몽골군이 죽주를 공격하던 그때에도 박서는 이곳에 있었던 것 같다. 전
투에 직접 개입하지 않았다고 하더라도 그의 존재만으로 죽주민의 항전의지는 더욱 강해졌을 것
이다.___

城, 有一僧避兵在城中, 射殺之]고 기록되어 있다. '한 승려[一僧]'는 김윤후를 말한다. 《고려사》〈김윤후 열전〉에는, 김윤후가 살리타를 활로 쏘아 죽였다[允侯射殺之]라고 이름까지 명기했다.

그러나 같은 《고려사》〈김윤후 열전〉 내에는 다른 내용이 있다. 김윤후가 나라에서 내리는 상장군 벼슬을 사양하며 말하길, "전투할 때 나는 활이나 화살을 가지고 있지 않았는데 어찌 함부로 무거운 상을 받겠는가[當戰時, 吾無弓箭, 豈敢虛受重賞]?"라고 했다. 자신이 살리타를 쏜 것이 아니라는 것이다.

주채혁은 그의 논문에서 살리타를 쏜 주인공이 김윤후라고 했다. 활과 화살이 없었다는 김윤후의 말은 처인의 부곡민에게 전공戰功을 돌리려는 겸양의 미덕으로 보았다. 반면에 윤용혁은 처인의 부곡민 가운데 한 사람이 살리타를 사살했을 가능성을 배제하지 않는다.

한편, 처인성 전투 이후에 재개되는 몽골의 공격에서도 그들의 공성 전법에는 큰 변화가 없었던 듯하다. 몽골의 3차 고려 침입 때인 1236년(고종 23), 죽주산성竹州山城[지금의 경기도 안성] 전투에서 죽주성민들이 몽골군을 격퇴했다. 몽골군의 공격으로 성문이 다 부서질 만큼 위기 상황을 맞기도 했지만 이에 굴하지 않고 싸워 큰 승리를 거두었다.

죽주산성 전투에서 고려 측 지휘자는 송문주宋文冑였다. 그는 몽골의 1차 침략 당시 귀주성 전투에서 박서와 함께 몽골군을 막아본 경험이 있는 장수다. 그 전공을 인정받아 낭장郞將이 되었고, 1236년에는 죽주 방호별감으로 임명받아 전투를 이끌었다. 산성 안에 송문주의 사당인 충의사忠義祠가 있다.

송문주는 귀주에 있을 때 몽고의 공성술을 익히 알았으므로 항상 적군의 작전을 훤히 알아차리고 군사들에게 "오늘은 적이 반드시 어떠어떠한 기계를 설치할 것이니 우리는 무슨 무슨 기계를 준비해 대응해야 한다"고 일렀다. 적이 과연 그 말과 같이 공격해왔으므로 성 안의 사람들이 모두 그의 귀신 같은 선견지명에 감탄했다.

5년 전인 귀주성 전투에서의 경험에 따라 몽골의 공격 방법을 미리 알고 적을 막아 승리했다는 《고려사》 〈열전〉 기록이다. 몽골의 공성법이 큰 변화 없이 그대로 반복되고 있음을 기록에서 확인할 수 있다. 손으로 더듬듯 미숙한 단계에서 벗어나 제법 능숙한 공성전을 수행하게 된 몽골병이지만 그들의 주 전술이 아닌 만큼 일정한 한계를 가지고 있었던 것으로 보인다. 그래서 관심을 끄는 것이 성 바깥에서의 전투다.

의미 있는 고려의 성 밖 승리

여몽전쟁麗蒙戰爭의 승자는 당연히 몽골이다. 그러나 국지적이기는 하나 고려도 전쟁에서 무시하지 못할 승리를 거듭했다. 성문 닫아 걸고 지키는 수성전守成戰만 고집한 것이 아니라 성 밖 전투에서도 전과를 올렸다. 다음에 소개하는 기사는 몽골군과의 성 밖 전투에서 고려군이 승리한 기록을 《고려사》에서 옮긴 것이다.

① 야별초군이 지평현砥平縣(지금의 경기도 양평군) 사람들과 함께 몽고군을 야간에 기습해 많은 적군을 죽이거나 사로잡았으며 말과 나귀를 노획해 조정에 바쳤다.[1235년 10월]

② 몽고군이 온수군溫水郡(지금의 충남 아산시 온양동)을 포위하자 군리郡吏[향리]인 현려玄呂 등이 성문을 열고 나가 싸워서 적을 대파하고 두 명을 목 베었다. 이 싸움에서 아군의 화살과 돌에 맞아 죽은 적군이 2백 여 명이었으

며 노획한 병기도 매우 많았다.[1236년 9월]

③ 몽고군의 척후 기병이 괴주성槐州城(지금의 충북 괴산군) 부근에 진을 치자 산원散員 장자방張子邦이 별초를 지휘해 격파했다.[1254년 8월]

④ 철령에 진을 치고 있던 몽고군을 등주登州(지금의 북한 강원도 안변군)의 별초가 협공해 섬멸시켰다.[1255년 2월]

⑤ 몽고군이 대원령大院嶺을 넘자 충주에서 정예군을 출동시켜 공격해 1천 여 명의 적을 죽였다.[1255년 10월]

⑥ 하루는 송군비宋君斐가 일부러 노약자 몇 사람을 성 밖으로 내보냈더니 몽고군은 식량이 떨어진 것으로 판단해 군사를 성 아래까지 끌고 왔다. 이 틈을 타 송군비가 정예군을 거느리고 맹렬하게 공격하여 적을 패주시켰는 데 많은 적군을 살상했으며 몽고의 관인官人 네 명도 사로잡았다.[1256년 3월]

⑦ 대부도의 별초가 밤을 타 인주仁州(지금의 인천광역시) 땅 소래산 부근으로 가서 몽고군 백여 명을 격퇴시켰다.[1256년 4월]

⑧ 충주의 별초군이 박달현朴達峴(지금의 충북 제천시 봉양읍과 백운면 사이 고개)에 군사를 매복시켰다가 몽고군을 기습해 포로로 잡혔던 사람들과 우마·병장기를 탈취했다.[1258년 10월]

고려군은 성 밖에서 밤에 기습전을 펼쳤고, 특정 장소에 주둔하고 있던 적에 대해 선제공격도 가했다. 매복하고 있다가 적을 치기도 했고, 유인책을 쓰기도 했다. 이들 전투는 비교적 소규모로 이루어진 유격전의 모습을 보인다. 그러나 ⑤의 대원령처럼 1천 명 이상을 죽이는 대규모 전투도 있었다. 대원령은 충주와 문경의 경계에 있는 요충지였다. 지금은 주로 하늘재라고 불린다.

⑥은 입암산성 전투에 대한 기록이다. 전남 장성군, 달도 숨는다는 깊은 산 속에 입암산성이 있는데 가문 3월에도 계곡물이 콸콸 흐르는 요새다. 송군비는 강화에서 수군을 거느리고 영광靈光까지 갔다가 입암산성에서 전투를 이끌었다. 몽골군이 여러 섬을 집적거리자 이를 막으라는 명령을 받고 출전했던 것인데, 몽골군이 숨어버렸기 때문에 입암산성으로 들어가 몽골군에 맞섰던 것이다.

이렇게 육지에서 고려 백성의 항전이 계속되면서 강화도 정부는 자신감을 가질 수 있게 되었다. 강화도 정부의 자신감은 그들의 외교 전략에서도 드러나 겉으로는 한껏 숙이면서도 몽골의 요구를 끝내 거부하는 '외유내강' 식의 외교술을 발휘했다.

그런데 앞의 기록들에서 조금 이상한 점을 발견하게 된다. 등주 별초④, 대부도 별초⑦, 충주 별초⑧가 무엇일까? 이들은 강화도 정부에서 파견한 삼별초가 아니다. 그 지역의 별초다. ③의 괴주성 전투를 치른 별초도 마찬가지로 그 지역의 별초로 보인다.

최우가 삼별초를 만들기 이전부터 고려에는 별초라는 부대가 있었다. '장군 최충헌崔忠獻이 이의민을 목 베었다. 충헌이 처음에 용맹이 있어 뽑혀 별초도령別抄都領에 보직되었고 공로로 승진해 장군에 이르렀다'[《고려사절요》1196년 4월]라는 내용을 통해 이를 알 수 있다. 별초는 선봉대·결사대의 역할을 수행하는 특수부대의 성격이 강했으며 지방에도 조직되어 있었다.

왜 몽골 제국은 강화도를 치지 못했는가

___ 장성 입암산성

그 옛날, 살기 위해 산을 오르던 사람들이 있었다. 그네들을 죽이려고 따라 오르던 사람들이 있었다. 살고자 뭉친 사람들은 죽이자고 덤벼드는 사람들을 무찔렀다. 입암산성에서. 전남 장성군 북하면에 있으며, 사적 제384호로 지정됐다.___

충주는 경기도·강원도·경상도를 연결하는 교통의 요지다. 몽골군이 남쪽으로 내려가기 위해 꼭 거
쳐야 할 곳이었다. 그래서 대몽항쟁 기간 동안 침략을 자주 받았지만, 굳세게 싸워 적을 물리쳤다.
이를 기리는 탑이 충북 충주시 종민동 마즈막재에 섰다. 사진은 탑 밑 동상 부분이다.___

이들은 정규군이 아니라 전쟁이나 기타 위급 상황이 발생했을 때만 동원되는 임시적 군대로 추정되며 국가로부터 토지를 지급받기도 했다. 고종 당시에는 몽골의 침략에 맞서 거의 전국적으로 지역별 별초가 조직되어 있었던 것 같다. 이들이 바로 등주 별초, 대부도 별초 등의 이름으로 사료에 등장하는 것이다.

그러면 대몽항쟁에서 고려 정부가 직접 지휘하는 중앙군의 활동은 어땠을까? 이들의 활동은 보잘것이 없었다. 천도 전인 1231년(고종 18), 고려 삼군三軍은 황주(지금의 황해도 황주군) 동선역 전투에서 고전했다. 마산(지금의 경기도 파주시) 초적草賊의 구원으로 위기를 넘겼으나 곧 이어진 안북성(지금의 평안남도 안주군) 전투에서 몽골 살리타 군에게 대패했다. 이것이 고려 중앙군의 전투로는 마지막이었다.

초적草賊은 '학정에 반대해 궐기한 농민 반란군'의 의미로 쓰인다. 이들의 활동은 당연히 반反 정부적 성향을 보인다. 그런데 몽골이 쳐들어오자 고려의 초적들은 자발적으로 대몽항쟁에 동참해서 많은 전과를 올렸다. 최우를 찾아왔던 마산 초적 우두머리는 자신이 이끄는 정예병 5천여 명으로 몽골군 치는 것을 돕겠다고 할 만큼 그 기세가 강했다.

몽골에 맞섰던 백성 가운데 각 지방의 별초로 활약했던 이들이 많았음을 보았다. 그런데 '별초' 하면 아무래도 삼별초를 떠올리게 마련이다. 여기쯤에서 삼별초의 편성 시기와 활동상 그리고 존재 의미 등에 관해 살펴보는 것이 좋겠다.

강화도에는 삼별초가 있었다

"몽고군이 대거 침략해 인민들을 살육하고 있으니 나라를 돕고자 하는 자는 모두 구정毬庭으로 모이라."

배중손裵仲孫(?~1271)의 외침으로 삼별초의 항쟁이 시작되었다. 강화도 조정이 개경 환도를 선언하고 삼별초를 혁파하자 이에 반발해 봉기한 것이다. 구정은 궁궐 안에 있는 넓은 마당을 말하는데 격구를 비롯한 이런저런 궁중행사가 치러지던 곳이다. 강화읍 용흥궁 공원이 당시의 구정으로 추정된다.

삼별초가 강화도에서 출발한 것은 봉기 며칠 뒤인 1270년(원종 11) 6월이다. 같은 해 8월에 진도에 도착해 나라를 열었다. 삼별초 정부의 왕은 승화후 온溫인데, 몽골에 인질로 간 영녕공 준綧의 친동생이다. 1271년 5월, 진도 정부는 여몽연합군에게 무너진다. 용장성, 남도진성, 전온왕묘傳溫王墓 등지에서 삼별초의 흔적을 만나게 된다. 붉은 동

왜 몽골 제국은 강화도를 치지 못했는가

백숲 속에 온왕이 묻혔다고 전하는 묘가 있는데, 봉분 앞 석인상은 강화도 고려시대 무덤의 석인상과 많이도 닮았다.

이후 삼별초는 제주도로 옮겨 김통정金通精(?~1273)을 중심으로 항쟁을 계속하다가 1273년 4월에 진압되었다. 양동작전을 펼치며 세 갈래로 진격해온 여몽연합군을 막아내지 못했다. 대몽항쟁의 마지막 불꽃은 이렇게 꺼지고 말았다. 제주도에도 항파두리성, 환해장성環海長城을 비롯해 관련 유적들이 있다.

알려진 대로 삼별초三別抄는 야별초夜別抄에서 시작되었다. 최우가 1230년(고종 17)쯤, 밤에 도둑을 잡으려고 야별초를 조직했다고 한다. 그런데 야별초는 '도둑' 잡는 순찰 업무만 한 것이 아니라 조정에 반기를 들고 봉기한 백성들을 진압하는 역할도 수행했다. 야별초 인원이 확대되면서 좌별초와 우별초로 나누어졌다. 이때가 1253년(고종 40)쯤으로 추정된다.

좌별초와 우별초는 각각 1번 별초, 2번 별초, 3번 별초, 이렇게 번番 단위로 부대가 조직되어 있었다. 도령都領과 지유指諭 등이 지휘관인데, 대개 지유가 전투를 직접 이끌었다. 지유를 중앙 무관직과 비교하면 낭장郎將(정6품) 급에 해당한다. 낭장은 대략 2백 명 정도의 단위부대를 통솔하던 무관직이다.[김윤곤]

그런데 지유에서 바로 장군으로 승진하는 예가 제법 있다는 점, 재추들이 모여 천도를 논의(1232년 6월)하던 자리에 함부로 들어가 최우를 힐난했던 김세충이 별초 지유였다는 점 등으로 미루어볼 때, 지유는 낭장을 능가하는 권위와 권한을 누렸던 것으로 보인다.

___ 진도 용장성 궁궐터

배중손이 이끄는 삼별초는 몽골에 항복하지 않고 진도로 가 항쟁을 계속했다. 왕온을 임금으로 모시고 새로운 궁궐과 용장성을 쌓았다. 용장성 궁궐은 개성과 강화의 궁궐처럼 계단식 지형에 세워졌던 것으로 보인다. 사적 제126호. 전남 진도군 군내면에 있다.___

___진도 남도진성
삼별초가 진도를 떠나 제주도로 가기 직전까지 마지막 항전을 벌인 곳이다. 여기서 배중손 장군이
전사했다고 전한다. 원래 남도석성으로 불렸으나 2011년에 남도진성南桃鎭城으로 공식 명칭이 변경
되었다. 사적 제127호. 전남 진도군 임회면에 있다.___

도령도 지유와 비슷한 성격으로 이해되는데, 최근에 발견된 고려시대 목간을 통해 낭장 이상 급에서도 도령都領직을 수행했음을 알 수 있다. 목간에는 '우삼번별초도령시랑右三番別抄都領侍郎'이라고 적혀 있다.[문화재청] 시랑侍郎은 정4품 벼슬이다. 무반직에서는 장군이 시랑과 같은 정4품이다. 아마도, 도령과 지유는 시기에 따라 또 무신집권자의 성향에 따라 그 권한의 크기가 달랐을 것 같다.

삼별초는 좌별초左別抄와 우별초右別抄에 신의군神義軍을 합해 이르는 명칭이다. 신의군은 몽골군에게 끌려갔다가 탈출해온 장정들을 중심으로 편성됐는데 그 시기를 정확히 알 수 없다. 대략 1255년(고종 42) 무렵에 결성된 것으로 본다. 신의군은 우리가 일반적으로 짐작하는 것과 달리 대몽항쟁 후반기에 가서야 조직되었다.

삼별초는 도성을 방비하고 치안을 유지했으며, 강화도 정부 시절에는 수시로 뭍으로 파견되어 몽골군을 기습했다. 1235년(고종 22) 10월 지평현에서 승리했고, 1236년 12월에 박인걸朴仁傑 등이 공주 효가동[지금의 충남 공주시 신기동 효포]에서 몽골군과 맞붙었다. 1259년(고종 46) 정월에는 성주(지금의 평안남도 성천군) 기암성에서 몽골군을 대파했다.

'동진이 금강성을 침구하자 별초 3천 명을 보내 구원했다'《고려사》 1259년 1월)는 기록 속의 '별초'도 삼별초로 짐작된다.《고려사》〈조휘열전〉에는 '조휘 일당이 관인을 자칭하며 몽고군을 이끌고 와서 한계성(지금의 강원도 인제군 북면 한계산성)을 공격하자, 방호별감 안홍민이 야별초를 거느리고 출격해 그들을 섬멸시켰다'라는 내용이 있다. 안

___ 외포리 바다
삼별초가 진도로 떠나갔다는 외포리 바다, 그 긴박감 물과
함께 흘러가고 강태공 홀로 망둥이를 기다린다.___

홍민이 이끈 야별초 역시 강화에서 파견된 삼별초다.

어느 학술연구발표회에서 "삼별초의 항쟁과 강화도와는 무슨 관련이 있는가. 오히려 진도나 제주도의 경우라면 몰라도 강화와 삼별초는 연결시킬 수 없다. 강화도에서 삼별초를 강조하는 것은 명백한 오류다. 삼별초의 성격을 이해한다면 강화도는 아전인수 격의 해석이 된다"라는 견해를 밝힌 분이 있었다. 삼별초의 항쟁이 본격적으로 벌어진 곳은 강화도가 아니라 진도였고 또 제주도였기 때문이다.

일리 있는 주장이지만, 그렇다고 수긍하기도 어렵다. 군인이 빛나는 곳은 전장이다. 그러나 군인의 존재 의미는 방어 능력에 있다. 외적의 침략을 무찌르는 것도 중요하지만, 평소 대비를 튼튼하게 해서 외적의 침략을 사전에 방지하는 것이 더 중요하다.

일본은 임진왜란 전에 세작細作(첩자)들을 조선에 보내서 다양한 정보를 입수했다. 조선의 부실한 군사력을 정확히 파악한 후 이길 수 있다고 확신하고 전쟁을 시작했다. 만약 조선의 군사력이 튼실해서 승리하기 어렵다고 판단했다면, 그들은 쳐들어오기 어려웠을 것이다.

몽골도 마찬가지다. 당시 몽골은 정보전의 귀재였다. 다양한 방법을 동원해 강화도의 상황과 방어 시설 그리고 삼별초의 군사력 등을 파악했을 것이다. 그 결과 그들은 강화도에서 삼별초를 이기기 어렵다는 판단을 했을 것이다. 강화도 삼별초가 갖는 의미가 바로 이것이다.

삼별초가 몽골에의 항복을 거부하고 항쟁을 선포한 곳이 강화였다. 그들을 키우고 단련한 곳이 또한 강화였다. 이들의 빛나는 또 처절한 항쟁이 진도와 제주도에서 펼쳐졌다고 해서 강화도를 삼별초와 무관한 곳으로 인식하는 것은 옳지 않다. 삼별초의 빛과 그림자, 삼별초에 대한 따뜻한 시각과 차가운 시선 그 모두에서 강화도는 자유로울 수 없다.

강화도 서쪽 지역, 내가면 외포리 해안에 '삼별초군 호국 항몽 유허비'가 섰다. 외포리는 삼별초가 진도로 떠나갈 때의 출항지로 추정되는 곳 가운데 하나다. 외포리 외에 삼별초 출항지로 말해지는 곳은 내가면 구하리, 송해면 승천포, 그리고 염하(강화해협) 등이다. 아직 정확한 출항지를 알 수 없다. 어느 한 곳에서 다함께 떠났을 수도 있으나, 워낙 대규모 이동이었던 만큼, 여러 곳에서 따로 출발해 어딘가 중간지점에 집결했을 수도 있다.

산성의 힘

조정이 강화도로 옮겨가며 뭍에 남은 백성의 안정을 위해 한 일은 별로 없다. 드러난 것으로만 볼 때 산성입보山城入保·해도입보海島入保를 명한 것이 전부다. 국어사전에 나온 입보의 뜻은 '보堡(작은 성, 둑, 제방) 안에 들어와 보호를 받음'이다. 입보入保에 대해서는 한동안 안전지대로 몸을 피해서 수령의 지휘에 따라 자신을 지켜낸다는 정도의 의미로 보면 될 것 같다.

"해안가 주민은 섬으로 피하고, 내륙에 사는 주민은 가까운 산성으로 피해서 버티어라!"

비겁해 보인다. 무책임해 보인다. 자신들만 안전한 곳으로 도망가놓고……. 하지만 냉정하게 따져보면 평가가 달라진다. 지금 여기를 지켜낼 수 없다면, 산성과 해도에 입보하는 전략이 유일한 대안임을 인정할 수밖에 없다. 전쟁은 어느 시대 어느 곳에서나 끔찍한 고통이다.

왜 몽골 제국은 강화도를 치지 못했는가

개성을 사수하려다 실패하면 나라가 망하는 것이다. 조정을 옮길 수밖에 없는 상황이다. 백성은 어찌할 것인가? 유리한 조건을 찾아야 한다. 상대의 장단점을 따져봐야 한다. 그 결론이 산성과 섬으로 들어가라는 지시였다. 결과적으로 입보정책은 성공했다. 고려가 승리한 대부분 지역이 바로 산성이었기 때문이다. 섬으로 들어간 백성은 무사했기 때문이다. 고려 고종과 최우가 아니라 조선 세종과 황희라고 해도 같은 상황에서는 산성입보, 해도입보를 명했을 것이다.

사실 산성에서 적을 막아 지키는 수성전守成戰은 고대부터 조선까지 우리의 전통적인 작전이었다. 647년(고구려 보장왕 6), 당 태종이 고구려 침공을 의논할 때 조정 신하들이 말하길, "고구려는 산에 의지해 성을 쌓아서 갑자기 함락시킬 수 없습니다"[《삼국사기》]라고 했다. 그러나 당 태종은 침공을 단행했고 결국 안시성에서 패퇴했다.

현재 남한 지역에만 성곽 유적이 1,848개소라고 한다.[손영식] 도성과 읍성들도 있지만, 대부분이 산성이다. 빈 몸으로 산에 오르는 것만도 힘든데 무거운 돌을 지고 날라 쌓는 고통이 얼마나 컸을까만, 선조들은 살아내기 위해 고통을 감수했다. 유비무환의 실천이었다. 산성을 쌓고 나면 성 밖 일정 범위의 나무를 베어내고 큰 바위를 걷어내는 작업까지 했을 것이다.

1866년 9월 3일, 박주운朴周雲이 올린 상소문 안에 류성룡의 말이 소개되어 있다. 류성룡柳成龍(1542~1607)은 임진왜란 당시 산림이 울창하면 적이 숨기 쉬우니 산을 "더욱 민둥민둥하게 만들어 사면에 수목도 없고 암석도 없게 만들어 적이 와도 은폐할 곳이 없고 성 위에서 돌을 굴려도 판자 위에 둥근 알을 굴리듯 잘 내려가도록 해야 바야흐로 천연의 험지가 될 것입니다"[《승정원일기》]라고 했다.

임진왜란 당시인 1595년(조선 선조 28)에 비변사에서 임금에게 올린 글 속에는 항복해온 왜인의 말이 들어 있다. "파주산성은 돌을 피할 곳이 없으므로 바라보고서 감히 전진하지 못했다." 조선시대보다 고려시대는 산성 관리가 월등히 잘 되었다. 미루어 짐작하건대, 고려시대 산성 주변은 대개 민둥했을 것이다.

산성 안에는 식량과 무기 등을 비축해두지만, 평소에는 사람들이 살지 않는다. 그들은 산성과 멀지 않은 마을에 살다가 유사시에 산성으로 대피한다. 유럽의 성들은 대개 왕이나 영주 개인의 안전을 위한 방어 시설이다. 그러나 우리의 산성은 주민을 위한, 여러 마리 병아리를 한 몸에 품어 보호하는 어미닭 같은, 그런 시설이다. 산성에 들면 남녀노소 모두가 병사가 된다. 전투 경험이 없어도 괜찮다. 행주치마로 돌을 나르고, 그 돌을 성 밖으로 던지는 것도 전투다. 그렇게 아이도 엄마도 할머니도 힘을 다해 몽골군에 맞섰던 것이다.

서울 전쟁기념관 전시물 가운데 눈길을 끄는 것이 마름쇠다. 고구려군이 661년에 북한산성을 공격하자 성주가 성 밖으로 철질려鐵蒺藜를 뿌리게 해서 사람과 말이 다가오지 못하게 했다는 기록이 《삼국사기》에 보인다. 철질려가 곧 마름쇠다.

5센티미터 정도의 끝이 뾰족한 가지가 네 갈래로 뻗은 형태인데 아무렇게나 뿌려도 한 갈래는 위를 향해 서 있기 때문에 침입자가 밟으면 심하게 몸을 상하게 된다. 사람보다는 말에게 더 치명적이다. 마름

왜 몽골 제국은 강화도를 치지 못했는가

___ 마름쇠

무조건 크다고 좋은 건 아니다. 때로는 작아야 큰 효과를 보는 게 있다. 마름쇠가 그렇다. 아무렇게 뿌려도 뾰쪽한 한쪽은 하늘로 향하게 되는, 단순하지만 기발한 방어 무기. 모르고 덤비면 말들이 고꾸라지고, 뿌려놓은 걸 알게 되면 접근을 쉬이 못 한다.___

쇠는 고대부터 조선 후기까지 오랜 세월 사용된 수성용守成用 무기이다. 몽골의 침략 때도 사용되었을 것이다.

몽골군이 마름쇠를 극복하고 성으로 달려들면 백성들은 무엇이든 손에 잡아 던지고 찍고 밀면서 적이 성을 넘지 못하도록 막았다. 다양한 창·검류와 활 그리고 노弩가 주무기로 쓰였지만, 흙이나 물 심지어 분뇨까지도 병기가 되었다. 노는 쇠뇌라고 하는데, 방아쇠를 당겨 쏘는 활이라고 할 수 있다. 삼국시대에도 사용되었던 것으로 보아 마름쇠만큼이나 역사가 오랜 무기임을 알 수 있다.

몽골에 맞서는 고려의 대표적인 무기가 포砲였다. 포차, 대포차 등으로 불렸으며 산성뿐만 아니라 압해도 같은 섬에서도 방어에서 큰 역할을 했다. 포라고 하면 화약의 힘으로 포탄을 발사하는 무기를 떠올리게 되지만, 이 시대의 포는 큰 돌을 날리는 투석기였다. '화포火砲' 역시 화약과는 무관하다. 돌 대신 불덩어리를 얹어 발사하면 그게 '화포'였던 것이다. 같은 화포라는 명칭도 시기에 따라 그 쓰임이 다르다.

귀주성 전투 때 몽골군이 사용했던 누거樓車는 큰 수레 위에 망루를 높게 설치한 공성용 무기다. 공성용 사다리인 운제雲梯와 비슷한 기능인 것 같다. 성을 넘거나 성 안을 관측하는 데 주로 쓰였다. 성문을 부수는 데는 충차衝車를 사용했다. 몽골군은 귀주성과 죽주산성 등에서 사람에게서 짜낸 기름으로 화공을 펼치기도 했다. 젖먹이 아이까지 한 생명도 남김 없이 다 죽였다는 몽골군보다, 그악스럽게 달려드는 '인유포人油砲' 부대 몽골군이 더 소름 끼친다.

왜 몽골 제국은 강화도를 치지 못했는가

고려 백성의 아픔을 들쳐본다

고려 정부가 강화도로 옮겨지면서 육지에서의 항전은 주로 백성들에 의해서 주도되었다. 충주성 전투(1231), 처인성 전투(1232) 등이 지방민의 힘으로 적을 격퇴한 대표적 사례다. 주목되는 것은 노비와 부곡민 등 하층민의 활동이 두드러졌다는 점이다. 평소 인간으로서 최소한의 권리조차 누리지 못했던, 그래서 지배층이나 나라에 불만과 원한을 쌓았을 것 같았던 이들이 도망가지 않고 목숨 바쳐 침략군을 막았다는 것은 숭고하기까지 하다. 평소에 그들을 발아래 두고 호령하며 위세를 부리던 '양반'들은 몽골이 쳐들어오자 줄행랑을 놓았다. 충주성에서 그러했다.

윗분들이 달아나버린 충주성을 노비 등 하층민들이 지켜냈다. 몽골군이 물러가자 윗분들이 돌아왔다. 돌아와서는 은그릇이 없어졌다며 성을 지켜낸 백성들에게 죄를 씌웠다. 억울한 백성들은 몽골군이 약탈해갔다며 항의했다. 그러자 윗분들은 그들을 죽이려고 했다.

함락될 줄 알았던 성을 지켜낸 백성이다. 충주의 지배층들은 놀랐을 것이다. 도망간 것이 부끄럽기도 했겠지. 미안하다고 말할 수는 없었을까? 그게 어려웠다면 뒤통수라도 긁는, 겸연쩍은 표정이라도 보여줬으면 좋으련만. 그들은 거꾸로 위협이라는 방법으로 억지 권위를 세우려고 했다. 충주성을 지켜낸 백성들은 결국 반란을 일으켰다.

충주성만큼 서글픈 일이 몽골 1차 침략 때인 1231년에 자주성慈州城(지금의 평안남도 순천군)에서 벌어졌다. 아니, 서글프다고 단정하기가 좀 그렇다. 여러 각도로 다양한 생각거리를 제공해주는 전투라고 평하는 것이 적절할 것 같다. 사연은 이러하다.

부사副使 최춘명崔椿命(?~1250)은 자주성민을 이끌고 몽골의 침략을 막아냈다. 자주성민의 항전에 밀려 몽골군은 패전을 거듭했다. 고려 조정이 몽골과 화의를 맺은 이후에도 자주성에서는 항전이 계속됐다. 최춘명은 항복하지 않았다. 몽골군은 어찌지 못하고 손을 놓았다. 대신 고려 조정을 압박했다.

조정에서 송국첨, 대집성 등을 연이어 자주성으로 보냈다. '상황 종료'를 말하며 항복을 권했지만, 최춘명은 항복을 거부했다. 성 안으로 들어오려는 대집성에게 화살을 날려 쫓아버렸다. 최춘명에게 모욕을 당한 대집성이 최우에게 최춘명을 사형시키라고 한다. '명령불복종죄'를 묻자는 것이다. 몽골 사령관 살리타도 최춘명을 죽여야 한다고 했다. 최우는 사형을 명한다. 끝내 반대했던 이는 곧은 선비, 유승단 뿐이었다.

사형집행관이 최춘명에게 갔다. 그러나 최춘명은 살았다. 사형당하지 않았다. 그곳에 있던 몽골 관리가 사정을 알고 만류한 것이다. 《고려사절요》에 실려 있는 몽골 관리의 말을 옮기면 이러하다. "우리에게서 보면 비록 명을 어긴 것이나 너희에게서 보면 충신이 된다. 우리도 죽이지 않았다. 너희가 이미 우리와 화의를 맺었는데, 성을 온전히 보전한 충신을 죽이는 것이 옳은 일인가?"

……. 유구무언. 할 말 없는 부끄러움이다. 그래도 억측 하나 얹고 싶다. 혹시, 최우는 이런 생각을 하지 않았을까? '이보게 최 부사! 장하기는 한데, 지금은 아닐세. 몽골군을 철수시키고, 섬으로 도읍을 옮길 작정으로 서둘러 항복한 것이라네. 자네가 눈치 없이 버티고 있으면 어쩌나. 몽골군이 안 가잖는가?' 그래도 최춘명을 죽이라는 최우의 명령은 나빴다.

글 전개상 다양한 승리의 기록을 뽑았지만 어찌 승리만 말할 수 있을까. 패배, 그로 인한 백성의 죽음. 아픈 기록 속에서 역사의 교훈은 더 진하게 가슴에 남는다. 《고려사절요》에서 춘주성春州城(지금의 강원도 춘천시 봉의산성) 전투 장면을 옮겨본다.

몽고 군사가 춘주성을 몇 겹으로 포위해 목책을 두 겹으로 세우고 참호를 한 길이 넘게 파놓고 여러 날을 공격했다. 성 안의 우물이 모두 말라서 소와 말을 잡아 피를 마시는 등 사졸들의 곤함이 말할 수 없었다. 문학 조효립曹孝立은 성을 지키지 못할 것을 알고 아내와 더불어 불에 뛰어들어 죽었다. 안찰사 박천기朴天器는 계책은 궁하고 힘은 다해 먼저 성 안의 돈과 곡식을 불태우고 결사대를 거느리고 목책을 부수고 포위를 돌파했으나, 참호에 막히어 나가지 못해, 한 사람도 벗어난 자가 없었다. 드디어 그 성은 도륙당했다. [1253년 9월]

성 안에 남았던 백성 모두 무참하게 살해되었다. 곡식은 남았으되, 물이 다해 더는 버틸 수가 없었다. 성이 함락된 직후 개경에 나가 있던 박항朴恒이라는 관리가 돌아왔다. 그는 부모님의 시신을 수습하려고 춘주성에 올랐다. 아무리 애를 써도 산처럼 쌓인 시신 속에서 부모님을 찾을 수가 없었다. 그래서 부모님과 모습이 비슷하면 모두 거두어 묻어드렸는데 그 수가 무려 3백 구에 이르렀다.

이 죽음을 찬양할 자격, 아무에게도 없을 것 같다. 나라를 위해 죽으라고 명령할 수 있는 이, 누가 있겠는가. 도망가거나 미리 항복했으면 목숨을 부지할 수 있었다. 그러나 그들은 마지막까지 싸웠고 함께 죽었다. 분명한 것은 육지 백성의 희생으로 고려가 살 수 있었다는 점이다.

몽골이 세계로 영토를 넓혀갈 수 있었던 비결 가운데 하나가 의도적인 잔인성이다. 춘주성처럼 저항이 강한 곳을 점령한 후에는 무차별적으로 살육하고 파괴해서 아무것도 남기지 않았다. 주변의 성들에 그 소식이 전해져서, 지레 겁먹고 항복하게 하려는 의도였다. 이러한 작전이 잘 먹혀서 '무혈입성'을 자주 할 수 있었다. 항복한 지역의 주민들은 몽골군에 편입되어 새로운 전장으로 내몰렸다.

그러나 고려에서는 이러한 몽골의 작전이 제대로 먹히지 않았다.

잔학한 모습에 놀라 성문을 여는 일도 있었지만, 외려 각오를 다지며 끝까지 당당하게 싸우는 경우가 많았다. 원주성原州城이 그랬다. 원주 백성들은 인근 춘주성에서 몽골군이 어떤 짓을 했는지 알았다. 그럼에도 몽골군의 항복 권유를 거부하고 치악산에 의지해 몽골군에 맞섰다. 결국 몽골은 원주성을 포기하고 물러갔다.

변함 없는 국가의 통제력

뭍에서의 항전을 백성이 주도했다고 해서 강도 정부와 육지 백성과의 관계가 단절되어 있던 것은 아니다. 육지 백성들은 기본적으로 해당 지역 지방관[수령]의 지휘를 받고 있었다. 강도 정부는 삼별초를 내보내 몽골군을 공격하고, 방호별감防護別監 등을 파견해 방어전을 전개했다. 방호별감은 조정에서 파견된 특정 지역의 전투책임자로 지방관의 상위에 있었다. 경우에 따라 여러 군현의 지방관이 방호별감 한 사람의 지휘를 받기도 했다.

박서의 귀주성 전투(1231), 최춘명의 자주성慈州城 전투(1231), 이세화의 광주산성廣州山城 전투(1232), 송문주의 죽주산성 전투(1236), 김윤후의 충주산성忠州山城 전투(1253), 송군비의 입암산성笠巖山城 전투(1256), 안홍민의 한계산성寒溪山城 전투(1259) 등이 중앙으로부터 파견된 전투지휘관이나 지방관의 적절한 통솔로 적을 물리쳤던 사례다.

왜 몽골 제국은 강화도를 치지 못했는가

김윤후가 중앙에서 파견된 지휘관이라? 그렇다. 경기도 용인 처인 성의 김윤후와 충주산성의 김윤후는 동일인물이지만 그 신분이 달랐다. 몽골의 2차 고려 침입 때인 처인성 전투 당시 김윤후는 근처에 있는 백현원白峴院의 승려였다. 살리타에 맞서 위대한 승리를 거두자 나라에서 그에게 정3품인 상장군 벼슬을 주려 했다. 그러나 김윤후는 끝내 사양하고 대신 하위직인 섭랑장攝郎將 벼슬을 받았다. 이제 승려의 옷을 벗고 고려의 무관이 된 것이다. 몽골의 5차 고려 침략 때인 1253년, 낭장 김윤후는 나라로부터 충주 방호별감에 임명되어 충주민을 이끌고 몽골군을 무찔렀다.

전투 결과에 따른 신상필벌信賞必罰이 지켜짐으로써 국가의 통제력이 유지되고 있었다는 것도 중요한 사실이다. 정부가 섬에 입보한 한계를 어느 정도 극복하고 있음을 보여주는 것이기 때문이다. 우선 전공戰功에 대한 포상 내용을 정리해보도록 하겠다.

항쟁 초기 귀주성·처인성 전투에서 공을 세운 송문주·김윤후에 대한 포상 외에, 1236년(고종 23) 10월 부령의 별초로서 의업醫業 과거에 응시했던 전공렬이 고란사(지금의 충남 부여)에서 몽골군을 무찌르자 상을 주고 그의 본업本業으로 벼슬에 종사하게 했다. 충주 창정倉正 최수가 금당협에서 몽골군을 격퇴하자 그 공을 논해 대정隊正으로 삼은 것은 1253년(고종 40) 9월의 일이다.

1254년 2월에는 충주산성 방호별감 김윤후를 섭상장군으로 삼고, 전공을 세운 모든 이에게 벼슬을 내렸다. 1256년 6월에는 장군 이천李阡이 온수현에서 승리하자 그 사졸들에게 은 여섯 근을 상으로 주고

___삼막사 삼층석탑
경기도 안양시 만안구에 삼막사가 있다. 이 탑은 김윤후의 처인성 전투 승리를 기리면서 세운 것
이라고 한다.___

칭찬했다고 한다. 1257년 9월, 옹진 현령 이수송이 창린도에 침입한 몽골병을 무찌르자 그에게 7품 관직을 더 주었다.

처벌 기록을 찾아보면, 1254년(고종 41) 1월에 이현을 죽여 거리에 버린 일이 있고, 2월에는 천룡성 별감 조방언과 황려 현령 정신단鄭臣旦을 해도海島로 유배 보냈다. 몽골과의 전투와 관련된 것은 아니지만 어사 고평절, 최탁, 양신성, 박유, 봉공윤에 대한 면관免官, 서해도 안찰사 임목과 경상도 안찰사 이홍정에 대한 대체代替 등의 기록들도 국가의 공권력이 유지되고 있음을 보여준다.

한편, 전투 결과에 따른 집단적 상벌제도도 시행되는데 대개 행정구역의 등급을 올리거나 내리는 형식이었다. 행정구역에 대한 등급 조정 정책은 고려 태조 때부터 계속되어왔다. 군, 현 지역이 도호부나 목 등으로 승격하고 속현이 주현이 되고 거꾸로 주현이 속현으로 떨어지는 식이다.

왕의 태胎를 묻은 곳, 왕비의 고향, 공을 세운 신하의 고향 등이 승격 대상이었다. 백성의 공에 의해서도 해당 지역의 승격이 이루어졌다. 1232년에 강화현이 강화군으로 승격했는데 이는 천도에 따른 특수한 예라고 할 수 있다.

구체적인 사례를 들자면, 귀주성 전투 결과로 귀주를 정원대도호부로 승격시켰고, 처인성 전투 결과 처인부곡을 처인현으로 승격시켰다. 충주산성 전투의 승리로 충주를 국원경으로 했고, 다인철소多仁鐵所에서의 승리로 다인철소를 익안현翼安縣으로 올렸다.

다인철소는 충주 지역에 있던 철 생산지다. 몽골군은 무기와 편자(말발굽을 보호하기 위해 덧대주는 U자 모양의 쇳조각) 등을 공급받기 위해 이곳을 장악하고자 했다. 철이 절실했던 만큼 몽골군의 공격은 가열찼을 것이다. 그러나 주민들은 끝내 몽골군을 격퇴했다. 값진 승리에 대한 보답으로 나라에서 내린 선물이 익안현으로의 승격이었다.

행정구역 명칭에 향·소·부곡이 들어가면, '아! 천민들이 사는 곳' 이렇게 이해하던 때가 과거에 있었다. 처인부곡, 다인철소 주민이 모두 천민이라는 것이다. 그러나 지금은 향·소·부곡을 '특수행정구역'으로 이해한다. 주민들이 일반 군현민보다 낮은 위치에 있기는 했으나 그래도 그들은 천민이 아니라 평민이라는 해석이다.

향·소·부곡 주민에게는 군현민에게 부과되지 않던 무거운 의무, 이를테면 나라 땅을 경작하거나 각종 수공업 제품을 생산하는 일이 추가로 주어졌다.[박종기] 처인부곡과 다인철소가 현으로 승격됐다는 것은 그곳의 주민에게 부과되던 추가 부담들이 경감 또는 해소됐다는 의미가 된다. 지위 상승의 효과도 있었을 것이다.

이제 행정구역의 등급이 떨어지는 사례를 보자. 강등 사유는 대개 반란과 연관되지만, 몽골과의 전투에서 패배해도 같은 조치가 취해졌다. 1253년의 설악산성 전투 결과 양주襄州를 현령관縣令官으로 강등시켰고 동주산성 전투 결과 동주東州 역시 현령관으로 내렸다.[윤용혁] 전투 패배 책임을 해당 향촌사회 전체에 물었던 것이다.

그런데 전투에서 패배한 모든 지역이 강등되는 것은 아니었다. 책임을 분명히 물어야 할 상황이 발생했을 때만 해당 지역의 등급을 내렸다고 보아야 적절하다. 동주산성의 경우가 그러하다. 강화도 조정에서 파견한 방호별감과 입보한 지역민들이 불화를 빚었다. 전투가 벌어지자 싸워야 할 사람들이 도망가버렸고 결국 성이 함락되고 말았다.

동주산성 방호별감 백돈명에게 약간의 융통성이 있었다면 어떠했을까 싶은데, 사정이 이러하다. 백돈명이 지역 주민을 모두 산성으로 들어가게 하고 출입을 금했다. 고을 아전이 "벼를 수확하지 못했으니 적병이 이르기 전에 윤번으로 교대해 나가 베어들이기를 청합니다"라고 했다. 백돈명은 아전의 말을 듣기는커녕 그를 목 베어 죽였다. 그러자 백성들이 분개했다. 사졸들이 달아난 성에서 백돈명은 분전하다 전사했다.

팔만대장경, 그 존재 이유

팔만대장경 조성도 몽골의 침략을 막아내는 데 큰 힘이 되었다고 믿는다. 누군가 "부처에게 빌어서 외적을 몰아낸다는 발상 자체가 허무맹랑한 이야기 아닌가?"라고 묻는다면 아니라고 말하련다. 실제로 부처님이 도왔는가 돕지 않았는가보다는 그 작업을 통해 고려의 백성이 불안감을 털어내고 외적에 맞설 수 있는 자신감을 얻었다면, 마음을 한데 모아 싸울 수 있었다면 충분히 의미 있는 작업이 된 것이다. 전쟁 중에 거대한 사업을 완수해냈다는 문화적 역량도 가볍게 볼 수 없다.

1247년(고종 34)에 전광재라는 관리가 금성金城에서 몽골군과 싸울 때 스님들을 청해 법회를 열고 적을 물리쳤다. 하는 일 없이 부처님께 기도만 한 것이 아니라 법회를 통해 군사들의 사기를 끌어올려 승리를 거둔 것이다.[최연주] 전광재의 법회가 휘하의 병사들을 위한 것이라면 팔만대장경 판각은 온 백성을 위한 숭고한 작업이었다. 무속을

_____파주 용미리 마애이불입상
경기도 파주시 광탄면에 있다. 높이 17m가 훌쩍 넘는 대불상佛이다. 고려시대에는 이렇게 규모가 큰
석불, 철불들이 전국적으로 조성됐다. 한 두 사람이 할 수 있는 일이 아니다. 기여 주민들의 기원과
정성이 모여 이루어낸 결과다. 그 기원, 그 정성이 강을 타고 바다로 모여 강화에서 하나가 되었다.
팔만대장경은 그렇게 세상에 나왔다._____

제외한다면, 거의 유일한 종교가 불교였다. 지배층 피지배층 가리지 않고 모두가 부처를 받드는 세상에서 불교는 사람들의 마음을 움직이는 가장 큰 힘이었을 것이다.

최우는 팔만대장경 조성에 중요한 역할을 했다. 경비도 많이 보탰다. 그래서 무신정권 유지를 위한 수단으로 팔만대장경 조성 작업이 추진되었다는 주장이 있다. 백성의 불만을 팔만대장경 작업 속으로 끌어모아 정권의 안정을 꾀했다는 비판이 그것이다. '고려판 3S 정책'의 일환이 되는 셈이다. 일리 있다. 정권 안정이라는 효과를 얻었을 수도 있으니까. 그러나 이와 같은 비판은 본질에서 벗어난 것이다.

관료, 학자, 향리, 승려, 농민 모든 계층이 자발적으로 참여하고 형편 되는 대로 재물을 보시하고 그것도 어려운 이들은 나무를 베고 옮기는 일을 통해 노동력으로 보시하고……. 그렇게 수많은 이들의 정성과 땀과 소망이 나라 구석구석에서 모여 완성된 것이 바로 팔만대장경이다.[김윤곤] 섬과 뭍이 하나 되어 이루어낸 결의決意의 상징인 것이다.

당시의 고려인들은 최씨 정권을 위해서가 아니라 나라의 위기를 극복하려는 순수한 애국심과 신앙심으로 대장경 조판 작업에 참여했다고 보는 것이 옳다. 1988년 88올림픽 때 대통령 한 사람의 영광을 위해 국가대표 선수들이 온 힘을 다해 뛰고, 대통령 한 사람의 정권 안정을 위해 온 국민이 열광의 환호를 보냈던 것은 아니지 않은가?

이규보가 지은 〈대장각판군신기고문大藏刻板君臣祈告文〉은 대장경을 이해하는 데 꼭 필요한 사료다. 팔만대장경은 고맙게도 실물로 남았으나 그에 대한 관련 기록이 너무 부족하다. 그래서 대장경의 조판 시기가 언제인가, 판각 장소는 강화인가 남해인가, 아니면 강화와 남해를 포함한 여러 지역인가 등 논란이 계속된다. 이런 마당에 이규보가 글을 남기지 않았다면 큰일 날 뻔했다.

① **대장각판군신기고문**
② **정유년에 행했다.**

국왕 아무개는 태자·공·후·백·③ **재추**, 문무백관 등과 함께 목욕재계하고 …… 기고祈告합니다.

심하도다, ④ **달단**이 환란을 일으킴이여! 그 잔인하고 흉포한 성품은 이미 말로 다할 수 없고 …… 그들이 지나가는 곳마다 불상과 범서에 마구 불 질러 남은 것이라곤 없습니다. ⑤ **부인사符仁寺에 소장된 대장경 판본도 또한 남김없이 불타버렸습니다.** 아, 여러 해에 걸쳐서 이룬 공적이 하루아침에 재가 되어버렸으니, 나라의 큰 보배가 상실되었습니다. …… 그러나 ⑥ **금구옥설은 본래 이루게 되거나 헐게 되는 것이 아니요, 그 담겨 있는 바가 그릇이라 그릇이 이루어지고 헐리는 것은 자연의 운수입니다. 헐리면 고쳐 만드는 일 또한 꼭 해야 할 것입니다.** 하물며 국가가 불법을 존중해 받드는 처지이므로 진실로 우물우물 넘길 수는 없는 일입니다. 이런 큰 보배가 없어졌는데 어찌 일이 번거롭다 해서 새로 만드는 일을 꺼리겠습니까?

이제 재집宰執과 문무백관 등과 함께 의논해 이미 ⑦ **담당 관사官司를 두어 그 일을 경영하게 했습니다.** 따라서 맨 처음 초창草創한 동기를 고찰했더니, ⑧ **옛적 현종 2년(1011)에 거란주契丹主가 크게 군사를 일으켜 쳐들어오자**

현종은 남쪽으로 피난했는데, 거란 군사는 오히려 송악성에 주둔하고 물러가지 않았습니다. 이에 현종께서 여러 신하와 함께 더할 수 없는 큰 서원을 발해 대장경 판본 판각을 맹세하자 거란 군사가 스스로 물러갔습니다.

그때나 지금이나 대장경도 같고, 전후 판각한 까닭도 동일하며, 임금과 신하가 함께 서원한 일도 또한 한결같은데, 어찌 그때에만 거란 군사가 물러가고 지금의 달단은 그렇지 않겠습니까? 다만 제불다천諸佛多天이 어느 정도를 보살펴 주시느냐에 달렸을 뿐입니다. …… 저 억세고 모진 오랑캐를 멀리 쫓아내 다시는 우리 국토를 밟는 일이 없게 하십시오. …… 밝게 살펴 주시기를 삼가 바랍니다.

① 〈대장각판군신기고문〉은 '대장경판을 새기면서 임금과 신하들이 소망을 빌며 올리는 글'이라는 의미다. 《동국이상국집》에 실려 있다. 대장경판은 대장경을 새긴 목판이다. 팔만대장경은 팔만대장경판을 의미한다. 대장경은 불교경전에 대한 총칭으로 보통 경·율·론 이렇게 삼장을 중심으로 구성됐다고 한다. 경장經藏은 석가모니께서 제자와 중생에게 베푼 말씀이고, 율장律藏은 제자들이 지켜야 할 규범과 규칙이다. 논장論藏은 경장과 율장을 이해하기 쉽도록 풀어놓은 주석서다.

앞에서 몇 차례 인용한 《동국이상국집》은 이규보가 남긴 글들을 한데 모은 시문집이다. 고종의 명에 의해 1251년에 진주 분사대장도감에서 정식으로 간행했다. '동국'은 고려와 조선에서 '우리나라'를 이르는 의미로 쓰였다. 《동국통감東國通鑑》이나 《동국여지승람東國輿地勝

覽》도 같은 의미로 붙여진 책 이름이다. '상국相國'은 호가 아니라 재상을 뜻하는 벼슬 명칭이다. 그래서 '동국이상국집'의 의미는 '고려 이규보 재상의 문집'이 된다.

《동국이상국집》에 수록된 글들 가운데 가장 많이 알려진 것은 해모수와 유화에서 주몽에 이르는 과정을 시로 읊은 〈동명왕편〉이다. 상정고금예문을 금속활자로 인쇄한 일, 지금 이야기하고 있는 팔만대장경 판각 경위 등 역사적으로 진귀한 사실들도 다양하게 담겨 있다.

② 정유년丁酉年은 1237년(고종 24)이다.

③ 재추宰樞는 사료에 많이 나오는 단어인데, 여기서는 벼슬이 높은 신하들 정도로 보면 될 것 같다. 고려시대에 최고 관서로 중서문하성이 있었다. 중서문하성의 고위직 관료를 재신이라고 했다. 또 다른 관서인 중추원의 고위직 관료를 추밀이라고 했다. 재추는 재신과 추밀을 합친 말이다. 이들이 협의를 통해 국가의 중요한 일을 결정했다.

④ 달단韃旦은 몽골을 말한다.

⑤ 부인사에 소장됐던 대장경은 고려에서 처음으로 조성된 것이다. 이를 초조대장경初雕大藏經이라고 한다. 중국 송나라의 관판대장경官版大藏經(971~983)에 이어 세계에서 두 번째로 간행되었다. 1232년(고종 19)에 몽골군에 의해 경판이 불탔다. 다행히 인쇄본이 국내와 일본에 꽤 많이 남아 있다.

⑥ 금구옥설金口玉說은 '금으로 된 입에서 나오는 옥 같은 말씀'이니 부처님의 말씀 또는 부처님의 가르침을 상징한다. 그릇은 대장경판을 의미한다. '부처님의 말씀은 영원하지만, 그 말씀을 담은 그릇인 대장

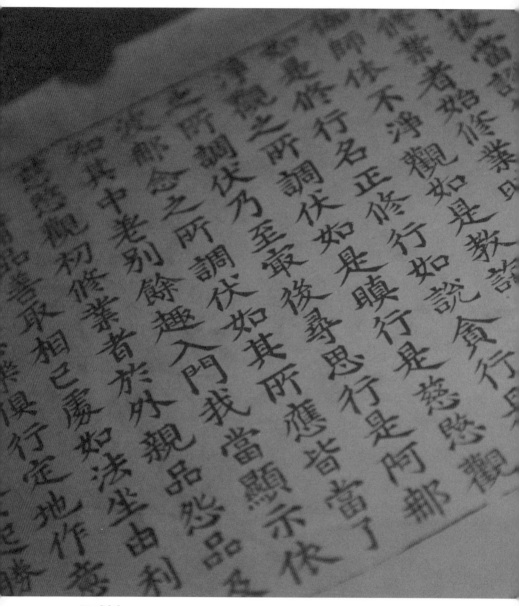

___초조대장경

천 년 전, 그 까마득해 보이는 과거. 그때 고려는 거란의 침략을 물리친다는 염원을 담아 초조대장
경을 조성했다. 수십 년에 걸쳐 완성된 대장경은 한순간 몽골군의 불질로 사라졌다.___

___부인사

초조대장경, 형상은 사라졌으나 정신은 살아 팔만대장경을 낳았다. 몽골의 야만을 떠올리며 찾아간
부인사는 자비와 포용으로 미래를 열고 있었다. 대구시 동구 팔공산에 있다.___

경은 깨질 수도 사라질 수도 있다, 깨진 것은 고치고 없어진 것은 다시 만드는 것이 당연하다' 정도로 풀어볼 수 있다.

여기서 왜 팔만대장경을 조성했는지 다시 생각해본다. 부처님의 도움으로 몽골군을 물리치고자 하는 염원을 담았다는 것이 일반적인 해석이다. 틀림이 없다. 그런데 《초조대장경》이 소실되었다는 데서 좀 더 근원적인 목적이 있었음을 짐작할 수 있다. 무슨 말인가 하면, 몽골의 침략이 없었더라도 초조대장경이 화재 등의 사고로 사라졌다면 다시 만드는 것이 당연했다는 이야기다. 대장경을 가지고 있다는 자체가 국격國格의 상징이요, 문화 강국의 척도라고 당시 고려인들은 여기고 있었다고 볼 수 있다.

⑦ 담당 관사는 대장도감大藏都監을 말한다. 대장도감은 팔만대장경 조성 작업을 기획하고 추진하는 책임 관청으로 강화도에 있었다. 별도로 분사대장도감分司大藏都監을 남해도에 두었는데 그곳에서 실무적인 작업이 이루어졌다. 경판을 새기는 판각 작업은 강화에서 시작되어 남해 기타 여러 지역으로 확산된 것으로 보인다.

잠시, 팔만대장경八萬大藏經의 명칭에 대해서 정리해볼 필요가 있다. '팔만대장경'은 경판의 숫자가 8만 장 조금 넘기에 붙여진 이름이다. 나는 '팔만대장경'이라는 호칭이 현대 학자들에 의해 붙여진 것으로 지레짐작하고 있었다. 그런데 공부하다 보니 조선시대에도 이미 '팔만대장경'이라는 이름으로 불렸음을 알게 되었다. 실학자 홍대용洪大容(1731~1783)의 문집인 《담헌서湛軒書》를 비롯해 여러 책에서 '팔만대장경'을 찾을 수 있다.

팔만대장경은 재조대장경再雕大藏經으로 많이 불리는데 초조대장경에 이어서 다시 새긴 대장경이라는 뜻이 담겼다. 이 밖에 '고려대장경', '강화경판 고려대장경江華京板高麗大藏經' 등으로도 불린다. 그런데 국보(제32호) 팔만대장경의 공식 명칭은 '합천 해인사 대장경판'이다. 좀 혼란스럽다.

학교에서 아이들은 어떻게 배울까? 초등학교 사회교과서와 중학교 국사교과서는 '팔만대장경'으로 썼다. 고등학교 국사교과서는 '재조대장경은 현재 합천 해인사에 보존되어 있다. 8만 장이 넘는 목판이므로 팔만대장경이라고 부른다'라며 재조대장경과 팔만대장경을 함께 썼다.

그러면 팔만대장경은 언제 조성된 것일까? 일반적으로 1236년(고종 23)에 시작해 1251년(고종 38)에 완성한 것으로 본다.

왕이 도성 서문 밖에 있는 대장경판당大藏經板堂에 행차하여 백관을 거느리고 분향했다. 현종 때에 새겼던 판본은 임진년 몽고와의 전쟁 때 불타버렸으므로 왕이 신하들과 함께 발원하여 도감을 설치했는데 16년 만에 일을 마쳤던 것이다. [《고려사》 1251년 9월 25일]

대장경이 완성된 1251년부터 16년을 거슬러 가면 1236년이 된다. 이 《고려사》 기록에 의해서 팔만대장경의 조성 기간을 잡은 것이다. 앞의 ⑦에서 담당 관사, 즉 대장도감을 이미 설치했다고 이규보가 고하는 정유년이 1237년이라고 했다. 그래서 보통 1236년쯤에 대장도감을 둔 것으로 추정한다.

　그런데 자유롭게 생각해보면, 팔만대장경 조성 시기를 좀 더 넓혀 보는 것이 되레 설득력이 있다. 경판이 처음 판각되어 나온 해가 1237년이다. 1236년에 시작해 1년 만에 판각이 이루어지기는 어렵다. 총괄적인 작업 계획을 세우고 저본으로 쓸 기존의 대장경을 수집하고 목록을 작성하고 또 교정하는 기초 작업에만 몇 년이 걸릴 것이다. 나무를 베어 판목으로 만드는 작업도 마찬가지다.

　그렇다면, 초조대장경이 불탄 1232년이나 이듬해인 1233년에 바로 팔만대장경 조성 기획이 수립되고 일이 시작되지 않았을까 싶다. "헐리면 고쳐 만드는 일은 또한 꼭 해야 할 것입니다. 하물며 국가가 불법을 존중해 받드는 처지이므로 진실로 우물우물 넘길 수는 없는 일입니다. 이런 큰 보배가 없어졌는데 어찌 일이 번거롭다 하여 새로 만드는 일을 꺼리겠습니까?"라는 이규보의 말을 통해 이를 짐작할 수 있다. 이렇게 보면 팔만대장경 조성 기간은 20년 정도가 된다.

　⑧ 초조대장경 조성 기간은 대개 1011년(현종 2)부터 1087년(선종 4)까지 76년간으로 본다. 이 긴 세월 동안 계속해서 대장경 작업이 진행된 것은 아니다. 주로 현종과 문종 때 이루어졌다. 시작되는 시기를 1011년으로 잡은 것은 거란의 침략에 대한 대응으로 현종 2년(1011)에 임금과 신하들이 대장경 판각을 맹세했다[誓刻成大藏經板本]는 이규보의 기록을 따른 것이다.

　이제 〈대장각판군신기고문〉을 바탕으로 팔만대장경에 대해 정리해보도록 하자. 초조대장경은 부처님의 도움으로 거란의 침략을 극복하고자 하는 고려 민의 염원을 담아 조성한 것이다. 여기에 더해서 당시 사람들의 문화적 자부심을 놓치면 안 될 것 같다. 그때의 불교는 그냥 종교가 아니라 최고 수준의 학문이기도 했다. 대장경을 자체 제작한 다는 것은 그 나라의 학문과 기술의 격이 높은 수준에 있음을 입증하는 것이다.

송나라가 대장경판을 제작하자, 고려는 '송이 하는데 우리라고 못할 게 없다'라는 경쟁심이 꿈틀거렸을 것 같다. 결국, 고려는 해냈다. 그러나 수십 년의 공덕을 쌓아 완성한 초조대장경은 한순간에 재가 되고 말았다. 당시 고려인의 충격은 엄청났을 것이다. 남대문이 불타던 2008년을 떠올린다면, 그때 온 국민의 경악과 좌절을 떠올린다면, 초조대장경 소실에 절망하는 고려인의 모습을 생생하게 느낄 수 있을 것이다.

고려 문화의 자부심이자 믿음의 구심점, 초조대장경이 사라졌으니 이를 다시 만들어야 했다. 자존의 마음을 회복하고 몽골이라는 강력한 적에 맞서기 위해서도 재조대장경은 절실했다. 마침내 작업이 시작되었다.

팔만대장경 조성 작업 초기인 1238년(고종 25)에 몽골군은 황룡사9층목탑마저 불 질렀다. 경주 황룡사에 9층목탑을 세운 것은 신라 선덕여왕 때다. 《삼국유사》에 의하면 9층은 각각 신라 주변 아홉 지역의 나라와 종족을 가리킨다. 신라인들은 이 탑을 세움으로써 주변국의 침략에서 벗어나고 결국에는 그들을 제압한다는 믿음을 갖게 되었다. 적어도 60미터가 넘는 거대한 9층목탑은 신라인들의 자부심이었고

___ 해인사 장경판전 외부와 내부
경남 합천군 가야면___

자신감이었으며 호국의 상징이었다. 이러한 믿음은 고려로 이어졌다. 그런데 몽골군에 의해 황룡사9층목탑이 불타버렸다. 고려인들은 분노했다. 몽골에 대한 적개심은 팔만대장경 작업을 더욱 뜨겁게 하는 계기가 되었을 것이다. 부처님께 의지해 기필코 몽골을 몰아내겠다는 마음가짐이 어색하지 않았다.

대장도감의 총괄적인 지휘와 지원 속에 남해도 등에서 산벚나무, 돌배나무 등을 베고 결을 삭히고 경판 크기대로 자르고 말리고 쓰고 새기고……. 대략 20년 세월이었다. 그렇게 팔만대장경은 완성되었고 강화도 서문 밖 판당에 보관하다가 강화도 선원사를 거쳐 지금 해인사에서 모시게 되었다.

'서쪽 송나라 국운 이미 기울었고 / 북쪽 금나라는 여전히 어수선하네 / 차분히 문명의 새 아침을 기다리노니 / 동쪽 하늘 붉은 해 솟으려 한다[西華已蕭索 北寨尙昏蒙 坐待文明旦 天東日欲紅].'

이규보와 함께 문장가로 이름 높던 진화陳澕의 시 〈봉사입금奉使入金〉을 두루뭉술하게 의역해본 것이다. 남송은 지는 해요, 고려는 뜨는 해라는 당당함이 은근하게 녹아 있다.

고려는 겉으로 송의 제후국으로 행세했으나 안으로는 천자국의 격식을 갖고 있었다. 임금의 호칭이나 관청의 명칭 등에서 중국과 대등함을 드러내는 모습을 보게 된다. 이러한 자부심 속에서 팔만대장경이 나올 수 있었다. 몽골에 맞서는 힘을 얻을 수 있었다.

폐하와 전하

중국 황제가 내리는 어떤 명령서나 선포문을 조서詔書 또는 칙서勅書라고 했
다. 제후국의 왕들은 교서敎書라는 명칭을 써야 했다. 그런데 고려는 교서 대
신 조서나 칙서 등을 썼다. 전하殿下, 세자世子 대신에 폐하陛下, 태자太子라는
호칭이 고려에서 통용됐다.

'폐하'의 말뜻은 '계단[陛] 아래[下]'이다. 계단 아래 있는 신하가 황제를 직
접 부르지 못하고 "계단 아래를 좀 바라봐주십시오" 하는 의미에서 사용했던
말이 황제의 호칭이 되었다고 한다. 전각 아래라는 뜻인 '전하'는 제후국 왕
의 호칭이다.

고려의 왕들은 자신을 가리켜 '짐朕'이라고 했는데, 이 역시 천자국의 격식
을 따른 것이다. 조선에서는 주로 '과인寡人'이라고 했다. 이호예병형공吏戶禮
兵刑工, 조선은 중앙 행정관서를 6조六曹로 분담했으나 고려는 6부六部라고 이
름 지었다. '부部'는 황제국에만 둘 수 있는 관청이었다.

고려는 내부적으로 국왕을 황제로 인식했던 것이다. 그런데 외국으로 보
내는 외교 문서에도 황제를 칭하곤 했던 것 같다. 이승휴의 《제왕운기帝王韻

紀》에 보이는 '대금 황제가 고려국 황제에게 글을 보낸다[大金皇帝寄書于高麗國皇帝]'라는 표현을 통해 짐작해볼 수 있다.[박종기]

참고로 '각하'를 보자.

한때 우리는 대통령에 대한 존칭으로 각하閣下를 썼다. TV에서는 언제나 '대통령 각하'라고 불렀다. 그냥 '대통령'이라고 부르면 불경스러운 표현으로 여기기까지 했다. 민주화가 되면서 '각하'는 군사정권의 권위주의적 호칭으로 인식돼 잘 쓰지 않게 되었다. 원래 우리에게는 없던 호칭인데 일제의 영향으로 쓰게 됐다는 비판도 받았다.

그런데 '각하'는 조선시대에도 쓰였다. 장관급 이상의 고위 관료에 대한 존칭이었다. 조준은 정도전을 각하라고 했다. 외국 사신이 조선 고위 관료를, 조선의 사신이 외국 고위 관료를 역시 각하라고 불렀다. 인조와 영조 때는 왕세손에 대한 존칭으로 각하를 썼다. 하여간 각하는 임금 아랫사람들에게 쓰던 존칭이었다. 국어사전도 각하를 '특정한 고급 관료에 대한 경칭'으로 설명한다. 지금으로 치면 국무총리 정도가 각하라고 부르기에 어울리는 것이다.

그동안 대통령의 권위를 높이려고 '각하'라는 호칭을 사용했었지만, 사실은 대통령의 격을 스스로 깎아내려왔던 셈이다.

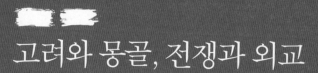

고려와 몽골, 전쟁과 외교

강화 고려궁지

두 가지 전쟁이었다. 피를 뿌리는 전투와 피 말리는 외교전. 가슴은 뜨거웠고 머리는 냉철했던 고려. 두 수, 세 수를 내다보고 준비했다. 숙였으나 비굴하지 않았다. 덩치가 크면 빈틈도 많은 법. 틈을 파고들어 핵심을 찌르는 '다윗' 을, '골리앗' 도 어쩌지 못했다.

전쟁 중에도 사신은 오갔다

대몽항쟁 기간 고려 정부는 몽골에 대해 적극적인 외교활동을 벌였다. 1259년(고종 46)까지 29년의 전쟁 기간 중 고려와 몽골 간에 사신 왕래가 있던 것은 22년이다.[신안식] 7년만 공식적 외교 교섭이 없었을 뿐이다. 주로 몽골이 요구조건을 제시하고 고려가 대응하는 모양새였다.

고려는 그때그때 상황에 따라 몽골의 요구에 따르기도 하고, 지연 작전을 쓰기도 했고, 때로 단호하게 거부하기도 했다. 항쟁과 강화講和 교섭의 적절한 조화는 강화도 정부가 유지되는 배경의 하나로 부족함이 없다.

1차 여몽전쟁이 진행되는 와중에 먼저 화친 의사를 표시한 것은 고려였다. 몽골군이 개경의 코앞까지 쳐내려오자 위기감을 느껴 화의를 요청한 것이다. 몽골은 저고여 피살문제를 추궁하면서 감당하기 어려운 양의 공물과 인마人馬를 요구했다.

왜 몽골 제국은 강화도를 치지 못했는가

이에 고려는 저고여를 살해하지 않았음을 분명하게 밝히고, 그들이 요구한 양에는 미치지 못하나 적지 않은 물품을 보냈다. 그래서 살리타는 다루가치를 남겨 두고 철병했다. 이후 몽골은 고려가 받아들이기에는 너무 버거운 요구를 계속해왔다. 왕실과 고위 관료의 아들딸 5백 명을 보내라고도 했다.[노계현] 결국, 고려 조정은 강화도 천도를 택하게 된다.

2차 여몽전쟁은 몽골 측의 요구에 대한 고려의 불이행, 그리고 고려 조정의 강화 천도가 침략의 명분으로 이용되었다. 이때는 양국이 '출륙친조出陸親朝' 문제로 첨예하게 맞섰다.

고려 조정은 일단, 몽골 침입의 빌미가 된 강화 천도에 대한 해명으로 위기를 벗어나려고 했다. 몽골의 요구를 일부 수용하면서도 자신들의 뜻을 견지하는 자세를 취했다. 즉 몽골 황제에게 보낸 〈진정표陳情表〉에서 친조親朝(고려 국왕이 친히 몽골에 가서 몽골 제국의 칸을 만나는 일. 사실상의 항복을 의미한다)와 호구 파악 등 몽골의 요구를 거절하는 대신 계속적인 공납을 약속했다.

한편, 2차 여몽전쟁은 적장 살리타가 처인성에서 전사하면서 상황이 돌변했다. 몽골에 대한 고려의 외교적인 노력은 계속되었다. 그러면서도 최씨 정권은 더욱 강경한 자세로 전쟁에 임하게 되었다. 살리타 사살은 그만큼 고려 정부에 힘을 불어넣어준 사건이었다.

3차 여몽전쟁 때는 고종이 직접 제포관梯浦館(강화 송해면 승천포에 있었던 것으로 추정)까지 가서 몽골 사신을 접견하고 조서를 받았다. 그렇게 몽골군의 철병撤兵을 이끌어냈다. 얼마 후 오고타이(태종)는 대규모 사신을 보내 고종의 친조를 다시 요구했다. 그러나 고려는 몽골의 친조 요구를 따르지 않았다. 그 대신 현종의 8대손인 신안공新安公 전佺을 왕의 친동생이라 하고 몽골에 보냈다.

1239년(고종 26) 12월에 출발했던 전佺이 이듬해 9월, 몽골의 사신들과 함께 돌아왔다. 사신이 가지고 온 몽골 임금의 조서에는 섬에 있는 백성을 모두 육지로 내보내고 집들을 불태울 것, 호구戶口를 조사해 보고할 것, 인질[독로화禿魯花]을 보낼 것, 몽골에 반항한 고려 관원을 체포해 호송할 것, 이렇게 네 가지 요구조건이 제시되어 있었다. [《원고려기사》] 백성의 수를 숨기면 그 죄를 다스릴 것이고, 바다에서 나오지 않으면 대군으로 공격해 취할 것이라는 엄포도 잊지 않았다.

이에 고려 정부는 전佺의 종형인 영녕공永寧公 준綧을 왕의 친아들이라 칭하고 귀족 자제 10명과 함께 몽골로 보냈다. 몽골의 요구 가운데 세 번째인 인질 차출에 응한 것이다. 그러나 나머지 요구들에 대해서는 따르지 않았다.

몽골은 통상 정벌 대상 국가에 '6사六事'라는 것을 요구했다. 해당 나라에 따라 약간 다르기는 하지만, 대개 아래와 같은 여섯 가지를 말한다.

① 왕족과 귀족의 자제들을 인질로 보낸다.
② 인구[호구戶口] 조사를 정확히 해서 호적을 바친다.
③ 곡식과 물품 등을 세금[공물貢物, 공부貢賦]으로 바친다.
④ 몽골의 대외 원정 때 군사를 보내 돕는다.

왜 몽골 제국은 강화도를 치지 못했는가

___고종 사적비
강화도 천도 때 고종이 처음 발 디딘 곳이 송해면 승천포이다.
이곳에 사적비가 섰다.___

⑤ 다루가치[達魯花赤]를 둔다.

⑥ 연락망 구축을 위해 역참驛站을 설치하고 운영한다.

이를 받아들이지 않으면 무자비한 침략이 시작되고 결국 정복되기에 이른다. 정복되면 고스란히 6사의 부담을 떠안아야 했다. 몽골이 고려에 줄곧 강요해온 것들도 6사의 범주 안에 든다. 그러나 고려는 부분적으로 수용할 뿐 제대로 따르지 않았다. 심지어 항복한 이후에도 마찬가지였다.

1268년(원종 9), 그러니까 개경 환도 2년 전에 쿠빌라이가 원종에게 글을 보냈다. 듣기 좋게 말을 꾸며 자신을 속인다며 원종을 질책하는 내용이었다. 쿠빌라이는 원종이 왜 아직도 개경으로 환도하지 않는가를 따져 물었다. 인질과 역참제만 겨우 수용한 고려에 다른 요구조건들도 이행하라고 요구했다. 원종은 개경으로 돌아갈 준비가 너무 바빠서 그러니 기다려달라는 답신을 보냈다. 항복한 지 거의 10년이나 된 고려가 여전히 몽골을 어렵게 만들고 있던 것이다.

4차 여몽전쟁은 몽골 칸 구유크(원 정종)의 사망으로 단시일에 끝났다. 칸의 죽음과 이로 말미암은 몽골 내부의 혼란으로 고려는 당분간 여유를 가질 수 있었다. 이 시기, 몽골은 이제까지의 요구를 형식적으로 반복하는 정도에 머물렀다. 꽤 유화적이기까지 했다. 그러나 몽케(헌종, 재위 1251~1259)가 즉위하면서 고려 국왕의 친조와 환도還都를 겁박하는 강경 입장으로 돌아갔다.

5차 여몽전쟁에서도 몽골의 요구는 고려 왕의 친조였다. 만약 왕이 어려우면 태자가 나와도 좋다는 일종의 타협안도 제시됐다. 그런데 전쟁 막바지에 몽골 사령관 에쿠[야굴也窟, 야고也古]가 철수해야 할 사정이 생겼다. 돌아갈 명분이 다급해진 에쿠는 국왕이 강화도에서 나와 몽골 사신을 만나기만 해주면 철군하겠다고 했다. 상당히 완화된 조건을 내놓은 셈이다.

그래서 고종은 개풍 승천부昇天府로 나가 몽골 사신을 만났다. 야별초 80명이 옷 속에 갑옷을 숨겨 입고 고종을 호위했다. 천도 이후 20여 년 만에 처음으로 임금이 강화도 밖으로 나가 몽골 사신을 대면한 것이다. 이에 몽골군이 제 나라로 돌아갔다.

6차 여몽전쟁 시기에서는 최의崔竩(?~1258)가 살해된다. 이로써 60년 넘게 지속된 최씨 정권시대가 끝났다. 고려 조정은 몽골에 철병을 요구하면서 지금까지 화의가 이루어지지 않은 책임을 최씨 정권 탓으로 돌리기도 했다.

최의에 이어 권력을 잡은 김준金俊(?~1268)의 영향력은 최씨 정권에 비해 많이 떨어졌다. 대신 재추의 영향력이 커졌다. 몽골의 공세는 더욱 집요해졌다. 정부는 태자의 입조入朝를 진지하게 모색했다. 그 결과 1259년(고종 46) 4월, 태자가 몽골로 가게 된다. 태자의 입조는 몽골에 대한 고려의 항복을 의미하는 것으로 볼 수 있다.

고양이가 막아서니 쥐가 어찌 나가리

몽골의 강화講和 조건이 국왕의 친조에서 태자의 입조로 완화된 것은
고려의 끈질긴 항전 결과였다. 지속적인 고려의 저항의지는 몽골을
당혹스럽게 만들었다.[이익주] 이러한 사실은 화의和議하려고 태자가
몽골에 갔을 때 강회선무사江淮宣撫使 조양필이 쿠빌라이에게 한 말 속
에 나타난다. "고려가 비록 소국이라 하더라도 산과 바다에 가로막혀
있어서 우리가 20여 년 동안 군대를 보냈지만 아직 항복 받지 못했습
니다"라고 하면서 정복의 어려움을 토로한 것이다.

사실, 양국의 외교는 서로간에 불신을 바탕에 깔고 전개될 수밖에
없었다. 서로 의중을 뻔히 알면서도 모르는 척 연극을 하기도 했다.
외교 역시 전쟁이었던 것이다. 몽골은 고려를 믿지 못하면서도 믿는
척, 철수할 수밖에 없었다.

몽골이 여러 가지 이유로 돌아가야 할 처지에 빠질 때마다 고려는

몽골로 하여금 회군의 명분을 얻고 체면도 세울 수 있게 해주었다. 곡 진한 표현으로 머리 숙여 철병을 청하곤 했다. 그러면서도 호락호락 하지 않았다. 할 말은 다 했다. 기죽은 척했지만, 기죽지 않았다.

강한 적의 침략을 받고 있던 약한 나라 고려는 현실적이고 냉정한 외교 전략으로 적의 예봉을 무디게 만드는 능력을 보여주었다. 몇 가 지 사례를 보도록 하자.

이에 임금과 신하가 은밀히 이렇게 의논을 모았습니다. '만약 유민遺民들이 모두 흩어지면 나라의 근본이 비게 되고, 나라의 근본이 비게 되면 장차 누 구와 함께 매년 공물을 마련해 상국을 섬기겠는가? 차라리 이때를 이용해 남은 백성들을 수습해 섬으로 들어가 있으면서 변변치 않은 토산물이나마 상국에 올림으로써 번방 신하[藩臣]로서의 명분을 잃지 않는 것이 상책이 다. 어디에 있든지 간에 정성을 바치는 것이 중요하니, 우리가 오직 한마음 으로 섬긴다면 상국도 도읍을 옮긴 것을 꼭 허물로만 여기겠는가? 최종적 으로 이렇게 결정을 내렸는바, 우리가 이곳으로 수도를 옮긴 것도 위와 같 은 뜻뿐이지 어찌 다른 마음이 있겠습니까? [1232년 11월]

위의 《고려사》 기록은 몽골이 고려의 천도를 질책하자 고종이 천도 할 수밖에 없었음을 해명하는 내용이다. 강화 천도는 몽골에 대한 저 항 의도가 아니라 세금을 꼬박꼬박 바치며 대국을 영원히 섬기기 위 함이라는 것이다.

이후 강도 정부는 육지로 나가지 않는 이유를 '사냥꾼' 탓으로 돌리는 외교술을 발휘하기도 한다. 뭍으로 나가려고 승천부昇天府(지금의 황해북도 개풍군) 백마산 아래 성곽을 쌓고 궁까지 지었지만, 동북계에 사는 '포달인'이 두려워 나가지 못한다고 한 것이다.

포달인捕獺人의 말뜻은 수달 잡으러 다니는 사람들이다. 수달 사냥꾼이 무서워 못나간다는 말은 뜬금없는 변명 같다. 그러나 고도의 외교적인 수사로 보는 것이 옳을 것 같다. 몽골의 고려 4차 침략 때의 사령관인 아모간阿母侃은 침략 전 해인 1246년에 몽골병 4백 명을 보내 수달水獺을 잡는다는 핑계로 고려의 산천을 정찰한 바가 있다. 포달인은 몽골병을 에둘러 표현한 것이다.

몽골 사신이 고려 정부에 항복하고 육지로 나온다고 하면서 강화도에 왜 또 성을 쌓느냐고 따질 때는 송나라 함대가 쳐들어올까 봐 성을 쌓은 것이지 다른 뜻이 없다고 해명한다. 몽골이 정복하려고 애쓰는 남송南宋을 끌어들인 것이다. 고려가 일본·남송과 손을 잡고 몽골을 공격하는 해상연합이 될 가능성이 존재하던 상황[주채혁]에서 송을 끌어댄 것은 기발한 착상이다.

몽골이 강화도의 성을 허물라고 압박해오자, 고려 조정은 해적들이 때를 가리지 않고 노략질을 하기 때문에 헐지 않았다고 대응했다. 농경하는 우리 풍속상 성을 쌓고 사는 것은 당연하다며 성 없이 사는 유목민과의 차이를 말하기도 했다.

고양이가 앞을 딱 막아 지키는 데 구멍 속의 쥐가 어찌 밖으로 나갈 수 있겠는가, 나가고 싶어도 그럴 수가 없다, 고양이가 멀리 사라져야 쥐가 밖으로 나갈 수 있다는 식의 논리적인 언변으로 철병을 설득하는 외교술도 등장한다. 다음에 나오는 《고려사절요》 기록도 마찬가지다.

김수강金守剛이 몽골에서 돌아왔다. 수강이 황제를 따라 화림성에 들어가서 군사를 파하기를 빌었다. 황제는 (우리가) 육지에 나오지 않았다고 거절했다. 수강이 아뢰기를 "비유하면 사냥하는 사람이 짐승을 쫓아 굴 구멍에 들어갔는데, 활과 화살을 가지고 그 앞에 막고 있으면 곤한 짐승이 어디로 쫓아 나오겠습니까. 또 얼음과 눈이 몹시 차서 땅이 얼어붙으면 초목이 어떻게 나오겠습니까?" 했다. 황제가 가상하게 여겨 이르기를 "네가 참 사신이다. 마땅히 두 나라의 화친을 맺어야 하겠다" 하고, 곧 서지徐趾를 보내어서 군사를 되돌리라고 명했다. [1256년 9월]

1238년(고종 25) 12월, 고려가 장군 김보정과 어사 송언기를 통해 몽골에 보낸 표문도 눈길을 끈다. 고개 깊이 숙여서 간곡하게 호소하고 있으나 그 행간에서 '건드리지만 않으면 공물은 해마다 보내줄게. 많이는 어렵고……' 같은 속내를 엿볼 수 있다. 《고려사》에서 다음과 같이 전하고 있다.

백성들은 안착할 땅이 없고 농사는 제때에 거두지 못하니 이 풀만 무성한 땅에서 무슨 소출이 있겠습니까? 그렇지만 하찮은 공물이나마 바치지 않을 수 없는 진퇴양난의 처지라 황송하기 그지없습니다. 생각건대 일시적인 미봉책으로 어물어물 넘어가기보다는 차라리 백 번 죽더라도 폐하께 호소하는 것이 나을 것 같아 하찮은 토산물을 긁어 모아 미흡하나마 미천

한 저의 간곡한 정성을 표하고자 합니다. 엎드려 바라옵건대 무력으로 징벌하겠다는 위협을 가하지 마시고 조상의 유업을 보존하게만 해주신다면 변변치 않은 토산물이나마 해를 거르지 않고 바치겠나이다.[1238년 12월]

몽골에게 고려는 끝까지 녹록한 상대가 아니었다. 그랬기에 태자가 뭍으로 나가 당시 몽골 황제의 아우였던 쿠빌라이를 만났을 때, 쿠빌라이가 놀라 기뻐한 것은 당연한 결과였다. 쿠빌라이가 "고려는 만 리의 나라다. 당 태종도 친히 쳐 능히 항복 받지 못했거늘 이제 그의 세자가 우리에게 스스로 와서 항복하니 이는 하늘의 뜻이로다"라고 했던 말은 그의 기쁨을 단적으로 보여준다.

왜 몽골 제국은 강화도를 치지 못했는가

애자와 진자

1241년(고종 28), 고려 조정은 영녕공 준을 몽골에 인질로 보냈다. 이때 영녕공을 고종의 아들이라고 거짓으로 고했다. 몽골 황제가 영녕공을 진짜 고려 왕자로 믿었는지, 아니면 가짜임을 눈치챘는지 알 수 없다. 하여간 고려의 왕자로 대접했다. 여러 해가 지나서 고려 조정의 거짓이 드러났다. 민칭이라는 사람이 몽골 황제에게 영녕공 준이 고종의 아들이 아님을 고자질한 것이다. 고려의 위기였다. 이때 몽골에 간 고려 사신 최린이 지혜롭게 이 문제를 해결한다.

황제가 최린에게 물으니 대답하기를 "준(영녕공)은 왕의 애자愛子이고 참아들[眞子]은 아닙니다. 전에 올린 표장表章이 모두 있으니 확인해볼 수 있습니다" 했다. 황제가 이르기를 "애자와 친아들이 다르냐?" 하니 대답하기를 "애자라는 것은 남의 자식을 길러서 자기 아들로 삼은 것입니다. 만일 자

신이 낳은 자식이라면, 어찌 다시 애愛라고 말하겠습니까" 했다. 황제가 전
날의 표문을 확인해보니 모두 애자라고 일컬어 있었다. 황제가 옳게 여겨
문책하지 않았다. [《고려사절요》 1254년]

'언젠가는 사실이 밝혀질 것이다, 자子 앞에 애愛를 붙여 해명거리
를 확보해두자, 몽골은 애자愛子를 "사랑하는 아들"로 해석할 것이
다.' 고려 조정은 이런 생각을 했던 것 같다. 상대를 속이는 행위 자체
를 아름답다 말할 수 없다. 다만 전쟁이라는 절박한 상황에서도 침착
하게 만약을 대비하는 고려의 치밀함은 본받을 만하다.

고려는 뛰어난 외교 능력을 갖추었던 나라다. 거란의 침략 당시 탁
월한 교섭력을 발휘해 강동6주를 확보한 서희徐熙(942~998)의 존재는
고려 외교력의 상징이다. 고려는 건국 초기부터 많은 나라와 관계를
맺으며 성장했다. 5대10국시대의 여러 나라와 요, 송, 금, 동진국, 몽
골, 명에 이르기까지 다양한 민족의 나라들과 때로 적대하고 때로 화
해하면서 다양한 외교술을 발휘했다.

삼국시대에는 당나라와 관계 맺기가 중요했다. 조선시대에는 명나
라였다. 명나라 이후에는 청나라였고. 대개 한 곳과의 외교가 중요했
을 뿐이다. 그런데 고려시대 동아시아의 국제질서는 다원적인 모습을
띠고 있었다. 송이 당이나 명만큼 강력하지 못했기 때문이다. 요와 금
에게 많이 눌렸다. 그래서 고려는 송과 요, 송과 금 사이에서 어려운
결정을 해야만 했다.

한 나라에만 '다 걸기' 식으로 외교를 펼치는 것은 위험하다. 고려

는 그러지 않았다. 안정을 추구하는 등거리외교等距離外交를 펼쳤다. 때로 겉보기에 비굴하지만, 그 속에서 실리를 추구하고 자존의식을 다졌다. 끊을 것은 끊을 줄 아는 결단력이 있었다. 고려와 가장 우호적이었던 송나라조차 고려가 자신들에게 정성을 다하지 않는다고 불만을 품을 정도였다.

조선시대 광해군은 고려의 외교력을 높이 샀다. 후금과 명 사이에서 중립외교를 펼치며 전쟁을 막고자 했던 그의 외교 정책은 고려를 통해서 학습된 결과인지도 모르겠다. 후금이 명나라를 압박하는 상황에서 신하들을 질타하는 광해군의 말을 《조선왕조실록》에서 옮겨본다.

중국의 일의 형세가 참으로 급급하기만 하다. 이런 때에 안으로 스스로 강화하면서 밖으로 견제하는 계책을 써서 한결같이 고려에서 했던 것과 같이 한다면 거의 나라를 보전할 수 있을 것이다. 그런데 요즘 우리나라의 인심을 살펴보면 안으로 일을 힘쓰지 않고 밖으로 큰소리치는 것만 일삼고 있다. 조정의 신하들이 의견을 모은 것을 가지고 보건대, 무장들이 올린 의견은 모두 강에 나가서 결전을 벌이자는 의견이었으니 매우 가상하다 하겠다. 그렇다면 지금 무사들은 어찌하여 서쪽 변경은 죽을 곳이라도 되는 듯이 두려워하는 것인가. 고려에서 했던 것에는 너무도 미치지 못하고 있으니, 부질없는 헛소리일 뿐이다. [1621년 6월 6일]

이장용과 쿠빌라이의 '맞짱토론'

미국과 중국이라는 거대 강국, 영향력 확대를 노리는 러시아, 군국주의의 향수를 떨쳐내지 못하는 일본, 이들의 한가운데 지금 우리가 있다. 정권과 정당의 이해타산을 넘어, 좌·우의 시각을 넘어, 진정으로 나라의 앞날을 대비하는 외교 전술과 외국관外國觀이 절실하다. 고려를 통해 취할 것은 취하고 버릴 것은 버리는 슬기를 희망한다.

논하는 시대 범위에서 다소 벗어나지만, 고려가 항복한 이후에 보여준 외교의 한 단면을 소개하면서 이 장의 글을 마무리하고 싶다.

중요 사건의 연대를 다시 정리해보자. 1231년(고종 18)에 몽골의 침략이 시작되었고, 1232년에 개경에서 강화로 천도했고, 1259년(고종 46)에 항복했다. 그런데 강화에서 개경으로 환도한 것은 1270년(원종 11)이다. 고려가 몽골에 항복했음에도 개경으로 돌아가지 않고 오래도록 강화도 정부를 유지했던 까닭은 무신집권자의 강요 때문이었다고

도 이야기된다. 그러나 개경 환도의 연기는 몽골의 요구조건을 약화시키려는 고려 나름의 외교 전략으로 해석하는 것이 더 진실에 가까울 것 같다.

1264년(원종 5)에 쿠빌라이가 원종을 몽골로 부르는 조서를 보내왔다. 원종은 재상들을 모아 이 문제를 상의하게 했다. 재상들은 원종이 몽골 조정에 조회하는 것을 반대했다. 그러나 이장용李藏用(1201~1272) 홀로 "왕께서 조회하면 화친이 될 것이요. 그렇지 않으면 틈이 생길 것입니다"라며 원종에게 몽골에 가도록 요청했다.

이장용은 몽골과의 화친을 중요하게 여기는 인물이다. 그럼에도 그는 개경으로의 환도에 그리 적극적이지는 않았다. 문신 고위 관료들의 생각도 이장용과 비슷했다. 무신집권자만 홀로 환도 반대를 고집하던 것이 아니다. 신하들이 도읍을 강화에서 개경으로 되옮기는 문제에 소극적이었던 이유는 무엇일까?

여기에는 현상유지를 원하는 기득권층의 보수적 성향이 떠오른다. 전쟁이 끝나면서 경제적인 사정이 한결 좋아졌다는 것도 한 이유가 될 것이다. 먹고사는 것에 부족함이 없게 되면 새로운 시도나 변화에 미온적인 것이 사람의 생리다.

1260년대 중반쯤이면 강화도 간척으로 생겨난 드넓은 농토에서 꽤 많은 곡식을 수확했을 것이다. 뭍에서도 거의 정상적으로 농사가 이루어지고 바닷길을 통한 세금 수송 형편도 좋아졌을 것이다. 1260년에서 1268년 사이 어느 해, 여수에서 강화로 향하던 배가 태안에서 침몰했다. 강화도의 권력자들에게 보내는 곡식과 말린 생선, 젓갈 등을 가득 실은 선박이었다. 2011년에 이 배, '마도 3호선'이 발굴되면서 세상에 알려졌는데[문화재청], 이를 통해서도 당시 강화도의 경제 사정을 짐작할 수 있다.

그런데 이장용 등이 환도에 미온적이었던 더 근원적인 이유가 있다. 환도를 최대한 늦춤으로써 국력의 낭비를 최소화하려는 의도였다. 순순히 환도하게 되면 몽골의 일본 정벌 비용 등을 고려가 과도하게 부담해야 할 가능성이 컸다.[김당택] 어떻게 해서든 고려의 부담을 줄여야 했다.

1266년에 쿠빌라이는 사신 흑적을 고려에 보냈다. 일본과의 접촉을 시도하려는 의도였다. 이장용은 흑적에게 편지를 보내 일본을 얻는다고 도움 될 것이 없고 버린다고 위신이 깎이는 것도 아니니 긁어 부스럼 될 일은 하지 않는 게 좋다고 했다. 흑적이 일본으로 가는 것을 멈추도록, 설득했다. 일본은 몽골의 요구를 거부할 것이고, 이에 몽골이 일본 원정을 시도함에 따라 고려가 심각한 피해를 보게 되리라 판단했던 것이다.

이장용이 몽골에 갔을 때다. 쿠빌라이는 이장용을 협박했다. 고려의 군사 수를 정확히 알리지 않으면 고려를 토벌하겠다고 했다. 고려 군사의 규모를 파악한 후 남송과 일본 원정에 고려군을 동원할 의도였다. 몽골 조정에서 몽골 황제를 상대로 이장용은 밀리지 않는 기 싸움을 벌인다. 《고려사절요》(1268년 6월) 내용을 풀어서 적어본다.

쿠빌라이: 고려에 군사가 5만 명이라는 사실을 알고 있다. 왕준[영녕군]에게

들었다. 1만은 너희 나라를 지키게 하고 4만 명은 보내서 나를 돕게 하라.

이장용: 우리에겐 군사가 없습니다. 왕준의 말은 거짓입니다.

쿠빌라이: 믿을 수 없다.

이장용: 그러면 사신과 왕준을 고려에 보내어 직접 군사 수를 확인하게 하십시오. 정말 우리에게 군사가 그리 많으면 제가 벌을 받겠습니다. 만약 군사가 별로 없으면, 거짓을 고한 왕준의 죄를 물어야 합니다.

쿠빌라이: 그대가 고려의 군사 수를 분명히 말해줬다면, 내가 어찌 이런 말을 했겠나.

이장용: 옛날에는 우리에게 4만 군사가 있었습니다. 그러나 30년 동안 전쟁하느라 거의 다 죽었습니다.

쿠빌라이: 죽은 자가 많겠지만 산 사람도 있지 않은가? 부녀자가 있으니 새로 태어난 사람도 있을 게고.

이장용: 황제께서 군대를 거두고 저희에게 평화를 주셔서 고맙습니다. 덕분에 태어나 자란 이들이 있습니다만, 이제 겨우 9살, 10살입니다.

다루가치

다루가치는 일종의 관직 명칭이다. 한자로는 달로화적達魯花赤이라고 쓴다. 몽골 내 관청에도 설치됐지만, 주로 몽골의 점령국에 두는 것으로 이해된다. 《한국민족문화대백과사전》에 어원이 소개되어 있다. 이에 따르면, 몽골어에서 '진압하다' 또는 '속박하다'라는 뜻을 지닌 '다루daru'에 명사어미 '가gha'와 사람이라는 뜻의 '치chi'가 합해져서 '진압에 종사하는 사람', '속박하는 사람'을 의미하는 다루가치darughachi가 되었다.

점령국 중앙과 지방의 내정을 감시하고 간섭하는 감독관 구실을 했으며 상황에 따라 행정과 군사의 우두머리로 지방관과 같은 권한을 행사하기도 했다. 고려 백성에게 다루가치는 부정적인 인물로 보일 수밖에 없다. 일제 강점기로 치면 일본인 순사나 군인 또는 총독부 관리와 비교할 수 있을 것이다.

그런데 고려인에게 존경받던 다루가치도 있었다. 개경으로 환도한 후인 1271년에 다루가치 탈타아脫朶兒가 죽었다. 그는 고려 백성 편에 서서 일을 처리하던 '친고려파' 인물이었다. 탈타아가 위독하다는 소식에 원종은 어의를 보내 치료하게 했다.

　　　　　　　　　왜 몽골 제국은 강화도를 치지 못했는가

어의가 약을 달여 올리자 탈타아는 약 먹기를 사양하며 이렇게 말했다. "내 병은 거의 회생하기 어려울 것이다. 내가 이 약을 마시고 죽는다면 그대 나라를 참소하는 자가 필시 '고려에서 독약을 먹여 죽였다' 할 것이다." 죽음을 앞에 두고도 고려가 곤경에 빠지지 않도록 배려했던 다루가치가 탈타아였다.

몽골도 고민이 많았다

강화 마리산 참성단

겉으론 매끈하고 단단해 보여도 속으로 구멍 숭숭 뚫린 수세미. 세계 최강의 군사력, 최대의 영토를 자랑하는 몽골의 화려함. 그러나 수세미와도 같은 속앓이가 계속됐다. 두텁게 위장막을 쳤지만, 온전히 숨길 수는 없었다. 무엇을 고민하고 있는가?

가을을 기다려야

몽골도 고민이 많았다, 정말. 여러 나라를 단기간에 정복해 위세를 떨쳤는데, 고려에서 체면을 구기고 말았다. 전쟁은 속절없이 길어졌다. 전력을 상대국의 도읍지에 집중해 무너뜨림으로써 효율성을 추구하던 전술이 고려에서는 통하지 않았다. 강화도로 옮겨간 고려 조정은 건재했다. 그네들을 고민에 빠뜨린 내재적 한계가 무엇인지 알아본다.

몽골군은 침략 시기가 거의 일정했다. 음력 7~8월경에 침략을 시작해서 그해 말이나 이듬해 초봄이 되면 전쟁을 멈추고 물러가는 것이 보통이었다. 이러한 침략 주기가 고려는 물론 다른 지역에 대한 정복 활동에도 대체로 적용되었다. 이는 몽골군이 시간상으로 상당한 제약을 받으며 전투를 했다는 얘기가 된다. 앞에서 강화도 앞바다의 유빙을 말했었다. 한창 싸울 겨울에 얼음덩이로 길이 막히니 그들로서는 가슴을 칠 노릇이었다.

왜 몽골 제국은 강화도를 치지 못했는가

남송이 몽골에 파견한 사신 중에 조공趙珙이라는 사람이 있었다. 그는 1221년 몽골 진영에 갔을 때의 경험을 담아 《몽달비록蒙韃備錄》을 썼다. 《몽달비록》에 의하면 몽골이 외정外征할 때는 미리 3, 4월쯤에 의논해 결정한 다음 생업에 종사하다가 보통 8월에 출진出陣했다고 한다.

칭기즈 칸 당시의 몽골 인구와 병사 수를 정확하게 말하기 어렵다. 학자들에 따라 다양한 연구 결과가 나와 있다. 당시 몽골 인구는 50만에서 100만, 150만을 거쳐 200만까지 다양하게 추정된다. 군사 수는 9만, 10만, 12만 9천, 15만, 20만 등으로 나온다. 학자들의 의견을 뭉뚱그려서 몽골인 병사 수를 10만~15만 명쯤으로 보면 큰 무리가 없을 것 같다.

병사들은 가정 노동력의 핵심이기도 하다. 유목민들에게 가장 분주한 계절인 봄·여름에 최소한의 목축활동 등 생업에 종사할 필요가 있었다. 말·소·낙타·염소·양 등 다양한 가축을 돌보고 먹거리 마련을 위해 도축도 해야 했다. 활과 화살 등 무기류는 물론이고 말을 타는 데 필요한 안장이나 발걸이 같은 도구들도 만들어야 했다.[박원길]

부족 사람들이 함께 공동 작업을 해야 하는 일도 있었다. 펠트를 만드는 일이 그중 하나다. 게르[천막집]의 주재료인 펠트는 양털을 다져가며 만드는데 많은 사람의 노동력이 동시에 투입되어야 한다. 우리가 모내기 때 여러 집에서 나와 서로 도왔듯이 그들도 서로 도와 겨울나기를 준비했다. 겨울나기 준비를 끝내면 홀가분하게 전장으로 나섰을 것이다.

___펠트 만들기

펠트는 양털 등에 습기와 압력을 가해 만든 천의 일종이다. 보온성이 우수하다. 몽골인들은 펠트를 천막집 만드는 데 썼다.___

몽골의 침입 시점이 거의 가을인 이유를 몇 가지 더 찾아볼 수 있다. 추수기라서 병사들의 식량을 마련하기 쉽다는 점을 우선 떠올릴 수 있다. 그러나 군량 조달문제가 생각보다 중요했던 것은 아니다. 몽골군은 식량을 전장에서 확보하지 않고도 몇 개월 정도는 능히 버틸 수 있기 때문이다. 보르츠와 같은 휴대식량을 병사마다 지참하고 있었던 것이다.

따라서 침입 시기가 가을에 집중된 까닭은 군량 확보문제보다는 전략상의 필요성 때문으로 보는 것이 더 설득력이 있다. 추수를 앞둔 시기에 쳐들어가면 해당 나라의 농민들이 농작물을 수확하느라 전투 참여에 소극적이게 된다. 몽골군을 막아낼 병사의 수가 부족해지는 것이다. 또 수확 직전의 들판에 불을 놓거나 농작물을 짓이기면 침략당한 나라의 백성들이 굶주리게 된다. 그러면 몽골군은 훨씬 편안한 여건에서 전투를 벌일 수 있다.

《고려사》에서도 그들이 가을에 오는 까닭 한 가지를 찾아볼 수 있다. 1253년(고종 40) 4월, 몽케는 에쿠에게 고려 정벌을 명령한다. 그런데 에쿠는 몽골에 억류되어 있던 고려 사신 이현李峴의 의견을 따라 추수기를 기다렸다가 7월에 출병한다. 이현이 에쿠에게 말하기를 "지금 고려의 도읍은 섬이다. 강화도 조정의 재정은 모두 뭍에 있는 주州와 군郡에서 보내는 세금으로 꾸려진다. 추수하기 전에 뭍의 주·군을 공격해 쓸어버리면 세금을 낼 수 없을 것이다. 그러면 강화도 사람들이 궁핍해져서 견디기 어려울 것이다"라고 했기 때문이다.

몽골군이 가을을 침략 시기로 선호하는 중요한 이유가 또 있다. 바로, 말[馬]이다. 주지하다시피 몽골군은 기병 중심의 작전을 편다. 말은 생명과도 같은 존재다. 군마를 잘 관리해 최상의 상태로 전투에 임하는 것이 당연하다. 그들은 군마를 어떻게 관리하는가.

몽골군이 수행하는 전쟁은 통상 이른 봄에 종식되고 출전했던 모든 말들은 귀향해 풀과 물을 마음대로 뜯고 마신다. 이때에는 절대로 말을 타지 않아 말들을 더욱 튼튼하고 강하게 만든다. 서풍西風이 다가오면서, 다시 말해서 추고마비秋高馬肥의 계절이 오면 이 말들은 천막 주위에 묶이며 매일 소량의 물과 풀만을 준다. 몇 달이 지나면 말들은 비계가 빠지고 한번 달리기 시작하면 수백 리를 치달으면서도 한 방울의 땀도 흘리지 않는다. 이러한 상태에 이르면 비로소 전쟁에 나갈 훌륭한 말이 되는 것이다.[펭시촨彭世乾]

이러한 기록에서 보듯 몽골군의 침략 시기가 거의 일정하게 지켜지는 것은 말의 몸 상태를 전쟁 수행에 적합하게 만들기 위함이기도 했다. 몽골의 말들은 자기네 삶터의 기후에 적응해서 겨울에 강하지만 무더위와 습도에는 약할 수밖에 없다.

조선 정조 때의 관료 이갑李珅(1737~1795)이 청나라에 사신으로 다녀오며 보고 들은 경험을 적은 《연행기사燕行記事》에는 '아주 추운 때라도 단지 달구지 위에 장막을 치고 길에서 자며 아침에 눈을 털고 일어난다'는 몽골인의 모습이 그려져 있다. 몽골 사람이 볼 때 고려의 겨울은 겨울도 아니었을 것이다. 말에게도 마찬가지일 것이고. 결국, 겨울이야말로 몽골의 사람과 말 모두 최상의 컨디션을 발휘할 수 있

몽골의 고려 침략

시기	무신집권자	침략 경과	몽골 사령관	주요사건
1231.8~1232. 봄 (고종 18~고종 19)	최우	1차 침략기	살리타 [撒禮塔]	• 귀주성 전투(박서, 1231) • 자주성 전투(최춘명, 1231)
1232.8~1232. 12 (고종 19)		2차 침략기		• 강화 천도(1232) • 초조대장경 소실(1232) • 처인성 전투(김윤후, 1232)
1233~1234 (고종 20~고종 21)		1차 잠정적 평화기		• 강화 외성 축조(1233~1237) • 《상정고금예문》인쇄 (1234~1241 사이)
1235~1239 (고종 22~고종 26)		3차 침략기	당고	• 팔만대장경 조성(1236~1251) • 《향약구급방》 간행(1236경) • 죽주산성 전투(송문주, 1236) • 경주 황룡사 소실(1238)
1240~1246 (고종 27~고종 33)		2차 잠정적 평화기		• 이규보 사망(1241)
1247~1248 (고종 34~고종 35)		4차 침략기	아모간	
1249~1252 (고종 36~고종 39)	최항	3차 잠정적 평화기		• 최우 사망(1249) • 강화 중성 축조(1250)
1253~1254.1 (고종 40~고종 41)		5차 침략기	에쿠	• 충주산성 전투(김윤후, 1253)
1254.7~1259 (고종 41~고종 46)	최항 → 최의 → 김준	6차 침략기	쟈릴타이 [車羅大]	• 입암산성 전투(송군비, 1256) • 압해도 전투(1256) • 강화 대규모 간척

는 계절이었던 것이다.

잭 웨더포드Jack Weatherford는 몽골인과 몽골말의 습성을 구체적으로 분석했다. '주르첸 원정 첫해가 지나자 몽골군에게 가장 큰 위험은 전투가 아니라 불쾌한 기후라는 것이 분명해졌다. …… 습기가 많았다. …… 여름의 무더위는 몽골군과 털이 많은 말들이 견딜 수 없을 정도였다. 그들이 농촌이나 도시에 갔다가 끔찍한 병으로 쓰러졌다는 말이 자주 나온다. 결국 여름이면 원정을 중단하고 군대와 말 대부분이 비교적 가까운 내몽골의 높고 시원한 초지로 물러날 수밖에 없었다.'

지금까지 몽골이 가을에 쳐들어오는 이유에 대해 생업 종사의 필요성, 군량 확보, 침략 지역의 추수 방해, 말과 군사의 컨디션 문제 등으로 정리해보았다. 가을을 기다려 원정길에 오르고 봄이 되면 가야 하는 몽골인의 고민이 고려에게는 불행 중 다행이었다.

왜 몽골 제국은 강화도를 치지 못했는가

전쟁과 평화

고려에 대한 몽골의 침략은 1231년부터 1259년까지 29년간 계속되었다. 이 기간에 몽골은 크게 여섯 차례에 걸쳐 고려를 침략해왔다. 그런데 이 침략 기간에 세 번의 잠정적 평화기가 있었다. 이때는 몽골의 침략이 없었기에 고려의 백성들은 불안 속에서도 안도의 나날을 보낼 수 있었다.

첫 번째 평화기는 2차 침략 후인 1233년부터 1234년까지, 두 번째 평화기는 3차 침략 후인 1240년부터 1246년까지다. 그리고 마지막 평화기는 4차 침략 후인 1249년부터 1252년까지다. 전체 29년의 전쟁 기간 가운데 잠정적 평화기로 볼 수 있는 기간이 13년에 이른다.

오랜 기간의 소강상태가 반복되면서 전쟁은 장기화했고, 이는 강화京江華京 조정이 지속할 수 있는 또 하나의 이유가 되었다. 몽골이 계속해서 고려를 침략할 수 없었던 것은 군주의 자리가 빈 '공위시대空

位時代'로 상징되는 왕실 내부의 사정 때문이었다. 고려에 파견된 지휘자 간의 내분도 전쟁 장기화의 배경이 된다.

고려를 침략한 몽골군의 규모는 대개 1만 명 정도였던 것 같다. 여기에 동진국 군사를 따로 동원하고는 했다. 몽골은 고려 영토의 크기 등을 따져서 1만이면 충분하다는 계산을 했을 것이다. 그러나 백성의 저항은 완강했다. 고려의 산과 바다는 고려의 백성들을 안전하게 품었다. 고려에서만큼은 몽골군이 빛을 잃었다. 더구나 지휘관끼리 분란을 일으켜 자신들을 더욱 초라하게 만들기도 했다.

5차 침입이 단기간에 끝나게 된 표면적인 이유는 에쿠가 많이 아팠기 때문이다. 사령관 에쿠가 충주에서 병이 났을 때, 점쟁이가 "여기서 오래 머물면 돌아가기 어렵게 된다"라고 예언했다. 그러자 에쿠가 군사를 거두어 북쪽으로 돌아갔다고 《고려사》는 전한다.[1253년 11월] 그런데 사실은 에쿠가 건강 때문에 스스로 돌아간 것이 아니다.

타차르[탑찰아塔察兒]와의 심각한 갈등을 빚었기 때문에 몽케에게 소환당한 것이다. 윤용혁이 인용한 《신원사新元史》에 의하면 '제왕諸王 야고也古[에쿠]가 원한으로 제왕諸王 탑찰아塔察兒[타차르]의 진영을 습격했으므로 황제가 드디어 제왕들을 간난하斡難河의 북쪽에 모이게 하고 야고의 고려 정벌을 파罷했다'고 한다. 에쿠는 몽케 칸의 숙부이다.[KBS] 그럼에도 전쟁 중에 불려갔다는 것은 몽골군 지휘부의 반목과 대립이 매우 심했다는 뜻이다.

6차 침략 때의 사령관 쟈릴타이 역시 전쟁 막바지에 몽골군 내부의 갈등 때문에 살해된 것 같다. '북계병마사가, 차라대[쟈릴타이]가 갑자기 죽자 황제가 사람을 보내 아두阿豆, 잉부仍夫, 삼미三彌 등 세 명을 체포해갔다는 보고를 올렸다'라는 1295년 5월 3일자《고려사》기술을 통해 쟈릴타이의 피살을 추정할 수 있다.

거듭되는 공위시대

1차 평화기는 몽골이 금과의 전쟁을 마감하는 시기였다. 2차와 3차 평화기는 칸위 계승이 순조롭지 못해서 생긴 공위시대였다. 군주의 자리가 비어 있는 상태에서는 전쟁 수행이 어려웠던 것이다.

몽골의 1차 침략 명분은 사신 저고여 피살사건에 대한 책임 추궁이었다. 그런데 저고여가 죽임을 당한 것은 1225년(고종 12)이고 몽골의 침략이 시작된 시기는 1231년(고종 18)이다. 저고여가 죽고 6년이 지나고 나서야 쳐들어온 건 왜일까? 사건이 몽골에 알려진 다음 바로 쳐들어왔어야 앞뒤가 맞는 것 아닐까? 이 역시 칭기즈 칸 사망 후의 공위시대와 관련이 있다. 칭기즈 칸(재위 1206~1227)이 죽고 2년 간 칸 자리가 비어 있다가 오고타이(태종, 재위 1229~1241)가 2대 칸으로 즉위했던 것이다.

칭기즈 칸은 장남인 주치를 자신의 후계자로 삼고 싶어 한 적이 있다. 그러나 차가타이가 강하게 반발했다. 차가타이는 제 형인 주치를 '메르키트의 잡놈'이라고 욕했다. 주치의 정통성 문제를 들고 나온 것이다. 차가타이는 이 일로 아버지 칭기즈 칸의 노여움을 샀다. 자신이 아버지의 후계자가 될 수 없음을 인식한 차가타이는 주치가 칸이 되는 것만큼은 막으려고 했다. 그 타협안의 결과가 오고타이의 즉위였다.

여기서 잠깐 칭기즈 칸 집안사람들의 이름을 다시 적어봐야겠다. 앞에서 도표로 설명했지만 외국인의 이름은 낯설어서 다시 봐도 헷갈린다. 칭기즈 칸의 아들은 주치, 차가타이, 오고타이, 툴루이다. 주치와 그의 아들 바투는 제국의 칸이 되지 못했다. 차남 차가타이와 그의 아들들도 역시 칸이 되지 못했다. 칭기즈 칸을 이어 칸이 된 사람은 셋째 아들 오고타이였다. 오고타이의 아들 구유크가 아버지를 이어 3대 칸이 되었다. 칭기즈 칸의 막내아들 툴루이도 칸이 되지 못했으나 그의 아들 몽케와 쿠빌라이가 4대 칸, 5대 칸으로 즉위했다.

이제 1차 평화기(1233~1234)부터 시작해보자. 1231년 몽골은 금나라를 다시 침략하면서 고려에 대한 침략도 개시한다. 몽골은 칭기즈 칸 시절인 1211년부터 대금對金전쟁을 벌이고 있었다. 칭기즈 칸을 이어 칸 위에 오른 오고타이는 즉위년인 1229년에 금나라 정복계획을 세우고 1231년에 침략을 재개했다. 금나라 침공에 참전한 툴루이는 전쟁이 진행 중이던 1232년 사망했다.

고려와 몽골의 전쟁 1차 평화기인 1233년, 몽골은 만주 동진국을 정벌하고 금의 개봉까지 함락시킨다. 다음 해 1월에 금은 멸망한다. 오고타이는 전후처리를 위해 쿠릴타이를 개최하게 된다. 쿠릴타이란,

이를테면 몽골 제국의 의회 같은 것이다. 결국 1차 평화기는 금나라와의 최종 결전과 승리 그리고 처리라고 하는 커다란 일들을 마무리하는 과정에서 발생했던 셈이다. 물론 처인성 전투에서 김윤후와 주민들에 의해 사령관 살리타가 살해된 것도 중요한 이유가 된다.

2차 평화기(1240~1246)는 오고타이가 죽고 구유크(정종, 1246~1248)가 즉위하기까지의 공위시대와 겹친다. 몽골에서는 칸汗이 죽은 후 새로운 칸이 즉위할 때까지 공위시대가 존재할 수밖에 없었다. 칸이 자신의 계승자를 미리 정했다 하더라도 그것이 그대로 지켜진 것은 아니다.

다음 칸은 쿠릴타이에서 결정하게 되어 있었기 때문이다. 그렇다고 쿠릴타이가 완전한 선거제도에 따라 새로운 칸을 뽑은 것은 아니다. 실력자의 영향력이 많이 반영되었다.[손현숙] 곳곳에서 정복전쟁을 벌이던 제국의 유력자들이 칸의 사망 소식을 듣고 돌아와 쿠릴타이에 참석하기까지 적지 않은 시일이 필요했다. 어느 정도의 공백기는 당연했다.

3대 칸 구유크의 즉위도 순조롭지 못했다. 그래서 5년 동안이나 칸자리가 비어 있었다. 구유크는 오고타이의 장남이지만 적자는 아니었다. 그의 어머니 토레게네는 오고타이의 여섯 번째 부인이다. 그래서 구유크는 쿠덴·쿠추·카시 등 오고타이의 다른 아들보다 격이 떨어지는 위치였다.

오고타이도 구유크를 자신의 계승자로 여기지 않았다. 넷째 아들인 카시나 셋째 아들인 쿠추를 염두에 두고 있었다. 그런데 카시와 쿠추가 모두 사망했기 때문에 오고타이는 쿠추의 아들인 시레문을 장래의 칸위 계승자로 지명했었다. 그러나 몽골에서 칸을 최종적으로 결정하는 것은 쿠릴타이다. 구유크에게 쿠릴타이 전통은 행운이었다.

오고타이가 사망할 당시 계승자로 지명했던 시레문의 나이가 15살 정도에 불과했다는 점, 그래서 몽골 제국을 직접 이끌어가기에는 너무 어렸다는 것도 구유크에게 유리하게 작용했다. 구유크는 쿠릴타이의 결정만 있으면 아버지의 뜻과 상관없이 새로운 칸이 될 수 있었다. 이 일을 추진한 사람이 그의 어머니인 토레게네였다.

토레게네는 오고타이의 본부인인 보락친 카툰qatun(황후)과 다음 서열인 부쿠이 카툰이 모두 죽었기 때문에 새 칸을 선출할 때까지 나랏일을 맡아 보는 위치에 올랐다. 그녀는 자기 아들 구유크가 칸으로 선출될 수 있게끔 준비 작업을 착착 진행했다. 걸림돌이 될 것 같은 고관들을 해임하거나 죄를 씌워 죽이기도 했다. 오고타이의 형인 차가타이의 지원을 이끌어내는 데도 성공했다.[르네 그루쎄]

그럼에도 구유크의 즉위는 쉽게 실현되지 않았다. 주치의 아들인 바투가 강하게 반발했기 때문이다. 바투는 구유크를 매우 싫어했다. 그래서 구유크의 즉위를 막으려고 했다. 토레게네가 구유크를 칸으로 선출할 쿠릴타이를 열려고 하자 바투는 갖은 방법을 다 써서 지연시켰다. 끝내 쿠릴타이가 소집되자 바투는 병을 핑계로 참가하지 않았다.

1246년 바투가 빠진 쿠릴타이에서 구유크가 칸으로 선출되었다. 토레게네는 아들을 칸 위에 앉히는 일에 골몰해야 했기에 고려 침략을 추진할 수 없었다. 이것이 2차 평화기가 있었던 사연이다.

그대의 아버지는 누구인가

3차 평화기에 대해 알아볼 차례다. 그런데 궁금한 게 있다. 바투는 왜 구유크를 미워한 걸까? 주치의 정통성 문제라는 건 또 뭘까?

바투와 구유크, 두 사람 간에 감정의 골이 깊어지게 된 계기는 러시아 원정 때의 반목 때문이었다. 몽골군이 오고타이 칸의 명령에 따라 러시아 원정을 수행할 때 공식적인 총사령관이 바투였다. 이 원정에는 바투의 다른 형제들, 사촌인 구유크, 툴루이의 아들 몽케 등 쟁쟁한 인물들이 참가했다.

바투는 강력한 지휘권을 확보하지 못했다. 원정 도중 구유크가 바투에게 심하게 대들면서 문제가 발생했다. 오고타이 칸은 할 수 없이 명령불복종죄를 물어 1240년 구유크 등을 소환했다. 이때 몽케는 바투 편에 서서 힘이 되어주었다.

그런데 구유크의 즉위를 막았던 바투는 왜 자신이 칸이 될 생각을 하지 않았을까? 바투는 칭기즈 칸의 장남인 주치의 아들이라고 했다. 칸 자리를 노려볼 만한 능력과 조건을 갖추고 있었다. 하지만 아버지 주치 때부터 지적된 정통성 문제 탓에 칸이 되기 어려운 처지였는데 그 내막이 이러하다.

테무친이 칭기즈 칸이 되기 전 어느 때엔가 메르키트족의 침략을 받은 적이 있었다. 그때 아내인 보르테가 납치됐는데, 얼마 후에 칭기즈 칸이 아내를 구출했다. 보르테는 집으로 돌아와서 아들을 낳았는데 그가 바로 주치다. 주치는 칭기즈 칸의 자식이 아닌, 메르키트 집안 누군가의 아들일지 모른다는 의심을 받게 되었다.

'주치Juchi(손님이라는 의미)'라는 이름에 담긴 출생 의혹은 진위를 넘어 그의 후손들에게 불이익을 줄 수밖에 없었고 그래서 주치 가문에서는 칸을 배출하지 못했다. 이것이 정통성 문제다. 바투는 비통했겠지만, 어쩔 수가 없었다.

한편 구유크가 즉위하고 일 년이 지난 1247년 몽골은 고려에 대한 침략을 재개한다. 4차 침략이다. 그러나 다음 해인 1248년에 바로 끝난다. 구유크가 재위 3년, 정확하게 18개월 만에 사망하면서 몽골군이 철수해야 했던 것이다. 그리고 4년간 여몽전쟁은 다시금 휴지기休止期를 맞는다. 3차 평화기가 온 것이다.

3차 평화기(1249~1252) 전반부 2년, 1249년부터 1250년까지가 몽골의 공위시대다. 구유크의 사망으로 그의 본부인인 오굴 카이미시가 섭정攝政(군주를 대신해서 나라를 다스리는 사람)의 역할을 맡게 됐지만, 실권은 바투가 장악하고 있었다. 바투는 막강한 군사력을 바탕으로 몽케를 지원했다. 재위 기간이 짧았던 구유크는 후계자를 지명하지도 못하고 죽은 것 같다.[손현숙] 그래서 바투는 걸림돌 없는 상태에서 편안하게 몽케를 도울 수 있었다.

오굴 카이미시는 자신의 아들인 호자를 칸 자리에 앉히고 싶어 했다. 그게 어려우면 같은 오고타이 후손인 시레문(호자의 사촌)을 밀어주려고 했다. 몽케한테 칸위를 내어주고 싶지 않았다. 그러나 실권자 바투는 툴루이의 아들 몽케 편이었다. 그녀에겐 불행이었다.

바투는 몽케를 벗처럼 여겼다. 원정 과정에서도 그랬지만, 구유크와 대립할 때마다 몽케가 늘 자신을 지지해줬기 때문이다.[스기야마] 몽케의 어머니 소르칵타니는 바투에게 아들을 도와달라고 요청했다. 결국, 바투의 지원을 받은 몽케가 쿠릴타이를 거쳐 몽골 제국 네 번째 칸으로 즉위하게 된다. 몽케(헌종, 재위 1251~1258)는 칸위에 오르자마자 반대파를 숙청했다. 자신의 즉위를 반대하며 쿠릴타이에 불참했던 오고타이 집안사람들과 차가타이 집안사람들을 처형한 것이다. 오굴 카이미시와 시레문도 죽였으며 호자를 추방했다.

이 시기 몽골은 고려를 침략하지 않았다. 침략할 수 없었다. 칸 자리가 비어 있던 1250년(고종 37) 12월에 몽골 사신 홍고이洪高伊가 고려에 왔다. 며칠 뒤 잔치자리에서 홍고이는 왕에게 이렇게 말했다. "나라 북쪽 국경지대가 심하게 파괴되어 마치 울타리 없는 집과 같으니 어떻게 다시 옛 도읍으로 돌아가시겠습니까? 강을 의지해 방어태세를 굳게 해야 할 것이니 제가 귀국하면 황후께 아뢰어 고려를 더 이상 혼란에 빠트리는 일이 없도록 하겠습니다."[《고려사》, 1251년 1월 1일]

왜 몽골 제국은 강화도를 치지 못했는가

개경으로 돌아갈 필요 없이 그냥 강화도에서 잘 사시란다. 참 생뚱맞은 유화정책이다. 그러나 일 년도 안 돼 다시 온 홍고이는 새 군주 몽케의 즉위 소식을 전하며 고려왕의 친조親朝와 개경으로의 환도를 요구하고 나선다. 이렇게 3차 평화기가 끝나고 만다.

몽케는 반대파 제거 작업과 함께 정치 조직을 정비하면서 대외 원정을 시작한다. 동생인 쿠빌라이와 훌라구 등을 통해 동·서 양면작전을 전개한 것이다. 이때 고려에 대한 침략도 재개되었다. 바로 5차 침입이다.

권력 다툼, 특히 왕권을 차지하기 위한 싸움은 무서운 것이어서 부모·형제도 알아보지 못하는, 아니 부모·형제도 필요 없는 잔혹의 역사를 쓰고는 한다. 우리나라도 그랬던 적이 있지만, 몽골도 예외가 아니었다. 이렇게 겉으로 드러난 공위시대의 혼란 속에 또 다른 죽음의 그림자들도 어른거린다.

툴루이는 자살했다고 하는데, '병을 얻은 형 오고타이 대신 큰 술잔의 술을 단숨에 들이켜는 통에 의식이 혼탁해져서 죽었다고 한다'[스기야마]라는 애매한 표현을 보면, 강요된 음독 같다는 느낌이 들기도 한다. 자살이라는 극한 결정을 내린 것은 오고타이의 위협 때문이었다고 한다. 툴루이는 아버지 칭기즈 칸으로부터 몽골 본토를 물려받았는데 오고타이가 그 땅을 빼앗으려고 했다는 것이다. 그렇다면, 오고타이 칸의 죽음은? 툴루이 집안에 의한 독살로 추정된다. 복수인 셈이다. 또 오고타이의 아들 구유크 칸은 주치의 아들 바투가 보낸 자객에게 암살된 것으로 말해진다.[박원길]

세계 대제국 건설의 영광 이면에 인간의 욕망을 어쩌지 못하던 수많은 죽임들이 얽히고설켜 있다. 몽골 그들에게도 아픈 역사일 것이다. 특히 칭기즈 칸이 많이 아팠을 것이다. 위대한 정복자라는 화려한 얼굴, 그러나 자식들의 다툼을 무기력하게 바라보는 아버지로서의 슬픈 뒷모습……

아버지가 어린 아들들을 모아 화살 하나씩 주면서 부러뜨려 보라고 했다. 아들들은 쉽게 부러뜨렸다. 두 개씩을 주며 부러뜨리라고 했다. 역시 쉽게 부러뜨렸다. 화살 열 개를 주며 한꺼번에 부러뜨리라 하니, 이번에는 아무도 해내지 못했다. 아버지는 아들들에게 말했다. "너희 처지가 이와 같다. 서로에게 의지하는 한 누구도 너희를 이길 수 없다." 아버지는 또 말했다. "너희가 서로 단합하는 한 행운은 너희의 벗이 될 것이다."

칭기즈 칸이 그의 아들들에게 한 이야기로 전해진다고 《몽골비사》에 적혀 있다. 고구려 연개소문淵蓋蘇文이 자식들에게 했다는 이야기와 비슷하다. 칭기즈 칸도 자식들이 우애롭기를 바라는 보통 아버지였다. 그러나 자식들은 아버지가 바라는 대로 커주지 않았다.

이상에서 고려와 몽골의 전쟁 기간 중 약 13년의 휴지기를 몽골의 전쟁 수행을 막았던 내부 요인 중심으로 살펴보았다. 그것은 한마디로, 권력을 놓고 벌어진 혈육 간의 쟁투였다. 공위시대라고 일컫는 칸위 계승의 혼란이었다.

왜 몽골 제국은 강화도를 치지 못했는가

동진국과 강동성 전투

드문드문 '동진국'을 언급했지만, 아직 그 나라가 어떤 나라인지 말하지 못
했다. 고려와 몽골의 공식적인 첫 접촉이라고 할 수 있는 강동성 전투도 마찬
가지다. 동진국과 강동성 전투를 여기에 정리해본다.

몽골이 일어나면서 고려 북방, 만주 지역이 혼돈 속으로 빠져들게 된다. 몽
골이 금나라를 공격하자 금의 지배를 받던 여러 민족이 반란을 일으킨 것이
다. 금에게 멸망한 요나라 유민인 거란족도 야율유가耶律留哥의 지휘 아래 반
란을 일으켰다. 이때가 1211년이다.

금나라는 거란의 반란을 진압하려고 포선만노浦鮮萬奴 장군을 파견했다. 그
러나 포선만노는 야율유가에게 패배한다. 포선만노의 다음 선택은 배신이었
다. 제 나라 금을 배반하고 무리를 모아 대진국을 세웠지만, 몽골의 공격을
받고 간도 지방으로 옮겨가 1217년에 다시 나라를 열었다. 그 나라가 바로
동진국東眞國이다.

한편, 한때 요왕遼王을 칭하기도 했던 야율유가는 자립에 실패하고 칭기즈
칸에 의탁해 몽골의 장수가 되었다. 그가 하게 된 일은 예전의 자기 사람들인

거란족을 공격하는 일이었다. 몽골이 만주 지방으로 영역을 확대하기 위해 야율유가를 이용한 것이다.

몽골은 동진국까지 포섭해 거란족을 치게 되고 이에 밀린 거란족이 고려를 침공하게 된다. 거란은 고려의 북부 지역을 휘젓고 다녔지만, 김취려 등에게 패해 궁지에 몰리게 되고 결국 평양 부근의 강동성에 들어가 농성하게 된다. 몽골과 동진 연합군은 거란을 토멸한다는 명분으로 고려를 침범했다.

그리고 고려 조정에 자신들과 공동으로 강동성을 치자고 제의했다. 고려는 심사숙고 끝에 몽골과의 연합을 결정하고 김취려를 보냈다. 김취려의 고려군은 몽골과 동진국 군대와 힘을 합해 강동성을 함락했다. 1219년의 일이다.

이후 동진국은 자신들의 힘을 키우려고 고려와 몽골을 이간하는 외교술을 쓰기도 했고, 또 고려를 침략하기도 했다. 그러다가 금이 망하기 1년 전인 1233년에 몽골에 의해 멸망했다.

강동성 전투 때 고려는 양국이 형제관계를 맺자는 몽골의 요구를 받아들였다. 이후 '형님' 나라에서는 수시로 사신이 왔는데, 그들은 올 때마다 엄청난 양의 공물을 요구하며 고려를 괴롭혔다. 그리고 지나치게 무례했다.

어느 해인가 사신 저고여가 와서 요구한 공물이 이러했다. 수달 가죽 1만 장, 고운 주단 3천 필, 가는 모시 2천 필, 솜 1만 근, 용단먹 1천 장, 붓 2백 자루, 종이 10만 장……. 어느 정도의 분량인지 지금 값어치는 얼마나 되는지 따지기 어렵지만, 엄청난 양임은 틀림없다. 이런 상황에서 저고여 피살사건이 일어났던 것이다.

음, 좀 찜찜한 부분이 있다. 동진국이 멸망한 해가 1233년이라고 했다. 그런데 1233년 이후에도 동진의 병사들이 툭하면 고려를 쳤다. 《고려사절요》의 1233년 이후 기록에도 '동진국'이라는 나라 이름이 자주 등장한다. 왜 그럴까? 동진국 멸망 후, 그 땅에 그대로 살고 있던 여진족 무리를 고려 사람들이 계속해서 동진으로 불렀을 것이라는 게 일반적인 추정이다. 하지만, 아닌 것 같다.

《고려사절요》에 이런 내용이 있다. 동진국東眞國 천호가 "우리나라 사람[我國人] 중에서 귀국으로 도망해 들어간 자가 50여 명이니 모두 돌려보내주시오"[1247]라는 글을 고려에 보냈다. 고려는 답장에 상대를 '귀국貴國'이라고 썼다.

어떤 의미로 해석해야 할까? 1247년에도 여진인들은 제 나라가 동진국이라고 여겼고, 고려 역시 그들의 나라를 동진국으로 인정하고 있던 것이다. 그렇다면 이런 추정이 가능할 것 같다. 동진국은 1233년에 완전히 멸망한 것이 아니다. 몽골이 그들을 점령했으나 나라의 존재는 그대로 인정해주고, 다만 자신들의 통제 아래 두었다. 몽골은 동진국의 고려 침공을 조장했다. 몽골과 동진 모두에게 이득이 되기 때문이다. 허수아비 나라 동진의 고려 침공은 사실상 몽골의 침공으로 보는 것이 맞다.

다음의 《고려사절요》 기록을 통해 고려를 침략하는 동진국 군대의 성격을 파악할 수 있다.

'동진국 군사가 등주와 화주의 반민叛民을 거느리고 춘주 천곡촌에 진을 쳤다. 신의군[삼별초] 5명이 차라대의 사자라 일컫고 말을 달려 그들이 주둔한 곳에 들어가 말하기를 "너희들의 활과 칼을 끌러 한 곳에 두고 모두 원수의 명령을 들으라. 고려 태자가 장차 들어가 조회하려 하는데, 너희들은 어째서 고려 사자 김기성을 죽이고 나라에서 보낸 선물을 빼앗았는가. 너희들의 죄는 죽어 마땅하다"하니 모두 땅에 엎드려 벌벌 떨었다.' [1259년 3월]

몽골군으로 위장한 삼별초 앞에서 떨고 있는 동진국 군사들을 보면, 그들이 실상 몽골군의 일부임을 짐작하게 된다.

그들은 강화도를 치지 못했다

강화 연미정

수심 년간 전 국토를 유린하면서도 강화도 침공은 한 번도 시도하지 못한 몽골. 안 쳐들어온 것일까? 아니다. 쳐들어오지 못한 것이다. 대단하다 강화도. 그런데 청나라 군대엔 왜 함락됐나. 몽골과 청나라가 다르고 무기가 다르고 강화도가 달랐다.

안 친 것인지, 못 친 것인지

지금까지 강화도를 중심으로 고려의 몽골 항쟁 과정을 정리해보았다. 그렇다면 대몽항쟁기에 강화도 정부가 오래도록 유지되었던 배경은 무엇인가? 몽골은 약 30년의 전쟁 기간에서 단 한 번도 강화도를 침략하지 않았는데 그 이유는 무엇일까? 침략을 안 한 것인가, 못 한 것인가? 그 궁금증을 나름대로 풀어본 것이 이 글이다.

강화도 정부 유지가 가능했던 것은 강화도의 지형적 특성에 있었다. 섬이라고 하는 지형 구조는 수전水戰을 꺼리는 몽골군을 막는 데 천혜의 방어기지가 될 수 있었다. 강화해협(염하)은 조수간만의 차이가 크고 이에 따라 물살이 거칠고 험해서 고려인들조차 건너기가 쉽지 않았다. 더구나 넓게 펼쳐진 갯벌과 겨울철 유빙의 존재는 몽골군을 막는 훌륭한 방파제 구실을 해주었다. '그대[강화해협] 앞에 서면 나는 왜 작아지는가.' 몽골군의 어쩔 수 없는 약점이었다.

왜 몽골 제국은 강화도를 치지 못했는가

이러한 강화도의 지형조건을 이용한 강도 정부의 방어설비 구축도 몽골군을 저지시킨 요인이 된다. 강도 정부는 내성과 외성을 축조하고 뒤이어 중성까지 갖추어 몽골군의 침략에 대비하고 있었으며 대규모 수군水軍도 관리·운영하고 있었다.

정부가 섬에 입보한 상태에서도 육지 전 지역에 대한 통제력을 확보하고 있었기 때문에 고려는 몽골과의 전쟁을 장기전으로 끌어갈 수 있었다. 육지민의 지속적인 항전으로 힘을 얻은 강화도 정부는 적극적인 신상필벌 정책을 통해 항전을 독려하고, 지방에 영향력을 행사했다. 팔만대장경 조성은 백성의 마음을 하나로 모아 몽골군에 맞설 수 있는 용기를 북돋는 결과를 가져왔다.

강화도 수비에 대한 자신감은 지방민들의 항전 등으로 배가되어 몽골에 대한 외교 전략으로 활용될 수 있었다. 항전을 계속하면서도 대몽교섭對蒙交涉에 적극성을 갖고 임해 몽골군의 철수를 이끌어낼 수 있었던 것이다. 대몽항쟁기 고려 외교 정책의 본질은 '외유내강' 이었다. 숙이되 자존심을 지키는 '사이불굴事而不屈'[노계현]이었다.

금·송에 대한 침공 작전으로 말미암아 고려에 대한 총공세를 펼 수 없었던 몽골은 나름의 내재적 한계를 가지고 있었다. 평원에서의 기마전법에서는 탁월한 능력을 발휘하지만, 산악지방의 공성전에는 상대적으로 미숙함을 드러낼 수밖에 없었다. 몸을 부딪치는 백병전을 꺼려서 고려군의 기습공격에 속수무책으로 당하는 경우도 많았다. 몽골군에게 해전海戰에 대한 공포는 쉽게 씻을 수 없는 한계였다. 가을에 침략해 들어와서 보통 다음 해 봄에는 귀환해야 하는 일정도 장기전을 수행하기에는 불편했다.

더구나 에쿠의 소환과 쟈릴타이의 죽음에서 볼 수 있듯이 지휘부 내부에서 벌어진 갈등과 내분은 강화도 침공 계획을 실행에 옮기지 못했던 현실적 문제였다. 몽골 측의 처지에서 볼 때, 전쟁 장기화의 또 다른 이유가 되는 것은 칸위 계승 때 발생하는 공위시대였다. 섭정에 의해 통치되는 공위시대에서는 다음 칸을 결정해야 하는 중요한 작업 때문에 대외 원정을 시도하기가 어려웠다.

1269년(원종 10) 11월, 몽골 조정에서는 고려에 대한 침공문제를 다시 논의했다. 1269년이면 고려가 항복한 지 10년 된 때다. 아직도 도읍을 개경으로 옮기지 않고 강화도 정부를 유지할 때다. 화의가 성립되었던 그때, 쿠빌라이는 개경 환도를 서두르지 말고 고려 형편에 따라 가능한 시기에 하라는 유연한 지시를 했다.

그런데 고려는 1, 2년도 아니고 10년을 더 버티며 자신들의 요구에 제대로 응하지도 않았다. 거기다 국왕 원종이 무신집권자 임연林衍(?~1270)에 의해 폐위되는 사건마저 발생했다. 뭔가 대책이 필요했다. 그래서 재침 논의가 시작된 것이다. 중국 역사서인 《원고려기사元高麗紀事》에 다음과 같이 고려 정벌을 의논한 내용이 실려 있다.

지금 이미 사이가 벌어졌다고 병사를 움직여 정벌하는 것은 마땅하지 않습니다. (병사를) 움직이면 승리할 수는 있으나 또한 최선은 아니고, 만에 하나라도 이기지 못하면 위로는 국가의 위엄을 상하게 하고 아래로는 사졸들의 힘을 떨어뜨릴 것입니다. 저들이 강과 산의 험함을 믿고 바다에 식량을 쌓아 가만히 지키기만 하고 움직이지 않으면, (우리가) 무슨 계책으로 취할 수 있겠습니까?

마형馬亨이 이렇게 고려와의 전쟁을 반대했다. 1269년이면 고려의 전쟁 수행 능력이 현저히 떨어져 있을 때다. 강화도의 환경 역시 방어에 불리한 변화를 겪었다. 그럼에도 몽골은 여전히 강화도 침공을 자신 없어 하는 것이다. 마형에 이어 마희기馬希驥도 자신의 생각을 말했다. "만약 소국[고려]의 권신이 흉악함을 자행해 반역하면서 산과 물을 믿고 송과 연횡해 섬을 막아 지키면 우리 성조에 비록 뛰어난 병사 백 만이 있다 해도 금세 함락시킬 수 없으니 실로 대국의 이로움이 아닙니다." 결국 쿠빌라이는 강화도 침공 계획을 접었다.

그렇다면 몽골은 강화도 정부를 치지 않은 것인가, 치지 못 한 것인가? 많은 이들은 몽골이 강화도를 치지 않은 것일 뿐이라고 말한다. 몽골에게 있어 고려는 주요한 공격대상이 아니었기에 많은 병력을 보내지 않았고, 최선을 다하지도 않았다는 것이다. 그런데 이런 평가가 옳은지 그른지를 떠나서 그 안에 담겨 있는 함의를 파악해볼 필요가 있다.

몽골이 마음만 먹으면 강화도를 충분히 점령할 수 있었으나, 그러지 않았을 뿐이라는 견해 속에는 몽골의 군사력을 지나치게 높게 평가하고 고려의 방어력을 너무 낮추어본 측면이 있다. 한반도의 산악지형, 그를 이용한 수많은 산성의 존재, 거기서 항전하는 백성의 의지, 외침을 막기에 탁월한 강화도의 지형조건, 강화도 정부의 수비 능력 등을 과소평가한 것이다.

1945년 8월 15일 광복이 우리가 아닌 강대국들의 논리만으로 이루어진 것이라고 말한다면, 35년간 국내외에서 독립을 위해 싸우다 죽어간 선조들의 존재는 무엇이 되는가? 몽골이 강화도를 공격하지 않은 것이고, 육지에서도 힘을 조금밖에 쓰지 않아서 전쟁이 길어졌다고 말한다면, 맞서 싸우다 죽어간 수많은 백성의 염원은 무엇이 될까?

우리나라 축구 국가대표가 브라질 대표를 이겼다고 해서 우리 축구가 브라질보다 강하다고 하면, 이건 좀 억지스럽다. 그러나 그 경기에서만큼은 분명히 우리가 승자다. 온 힘을 다해 뛰었기에 이길 수 있었다. 브라질 감독이, 주전 선수 아무개가 부상으로 빠졌기 때문이다, 시차 적응에 문제가 있었다, 이렇게 패인을 말한다면 구차한 변명일 뿐이다.

이런 가정을 해본다.

나는 3억 원짜리 아파트에 가족과 함께 살고 있다. 2천만 원 하는 자동차를 가지고 있다. 그런데 1억 원 하는 외제 승용차가 너무도 갖고 싶다. 그러나 쉽지 않다. 가진 돈이 없다. 나는 1억짜리 외제차를 안 사는 것인가, 못 사는 것인가? 아파트 팔아서 차를 사면 2억이 남는다. 2억짜리 집으로 옮기면 된다. 불가능한 것은 아니다. 그러나 실제로는 어려운 일이다. 아이들 교육비에, 다른 무엇에, 가뜩이나 사는 게 팍팍한데. 결국, 나는 그 차를 사지 못하는 것이다.

나는 몽골이 강화도를 치지 못한 것으로 생각한다. 봐준 것이 아니라 정말 어쩔 수 없이 치지 못한 것이라고 여긴다. 강화도는 몽골군에게 별이었다. 그저 바라볼 수밖에 없는.

병자호란 때 강화도가 함락된 이유

금은 고려 때 여진족이 세운 나라다. 금나라는 거란족이 세운 요나라를 멸망시키는 등 세력을 크게 키웠으나 몽골에 망하고 말았다. 이후 세월이 흘러 조선시대에 여진은 다시 후금後金이라는 나라를 열었다. 후금의 조선 침략이 정묘호란(1627)이다. 병자호란(1636~1637)은 후금이 나라 이름을 청淸으로 바꾸고 나서 조선을 침공한 사건이다. 이때 강화도가 청나라 군대에 함락됐다.

강화도가 난공불락의 요새였다는데, 몽골과 비슷한 유목민족인 청나라에게는 왜 점령당한 것일까? 이런 의문이 생길 수 있다. 그 의문을 풀어보자.

하나, 청은 자신들에게 투항해온 명나라 수군을 강화도 침공에 대거 동원했다. 병자호란 당시 청군 병력은 13만 명에 육박했다. 이 가운데 강화도 침공에 나선 병력이 1만 6천 명 정도였는데 대부분이 명나라 출신 수군이었다. 바다 싸움에 능숙한 군사들이었다. 이들은 강화도 대안對岸에서 20일 정도 상륙 준비를 하고 침공을 단행했다.

둘, 이때 청군에게는 홍이포紅夷砲라는 이름의 장거리 대포가 있었다. 홍이포는 화약의 힘으로 대포알을 날려 성채나 선박 등을 부수는 위력적인 무기다. 16세기에 네덜란드를 통해 명나라에 전해졌고 청나라에서도 사용했다. 청군은 홍이포를 쏘아대며 강화도에 상륙했다. 고려시대 몽골군에게는 이런 화포가 없었다.

셋, 우리 군대의 방비 태세 차이가 컸다. 너무 컸다. 고려는 그야말로 철저한 준비를 하고 몽골의 침략을 대비했다. 염하를 지키는 수군, 겹으로 쌓은 성곽, 그 안의 수비군까지 소홀함이 없었다. 삼별초는 물론 무신정권의 사병집단인 도방都房까지 강화도 수비에 동원되었다.

그러나 병자호란 당시의 강화도 수비책임자들은 한심할 정도로 아무런 준비도 하지 않았다. 화약을 비롯한 무기를 점검조차 하지 않아서 청군이 닥쳤을 때 제대로 쓰지도 못했다. 고려 때의 몽골을 떠올리며, 청군은 절대로 바다를 건널 수 없다고 맹신하고 주색에 빠져 살았다. 김경징金慶徵(1589~1637)이 그랬다. 그러다가 청군이 닥치자 도망갔다.

대몽항쟁기에도 김경징 비슷한 인물이 있었다. 양산성椋山城의 방호별감 권세후權世侯였다. 양산성은 사면이 절벽이고, 사람이나 겨우 드나드는 길이 있을 뿐이었다. 권세후는 성의 험한 지형을 믿고 술만 마셨다. 몽골군이 쳐들어올 것이라고는 생각도 안 했다. 그러다가 몽골군에게 함락되고 말았다. 권세후는 김경징처럼 도망가지 않았다. 자

___충렬사

강화군 선원면

병자호란 때 순절한 김상용 선생 등을 모신 사우다.___

결했다.

넷, 강화도의 수비환경이 형편없이 취약해져 있었다. 고려 때 겹겹이 쌓았던 성곽들이 몽골에 항복한 이후 파괴되고 복구되지 못했다. 고려 때의 강화도 해안은 몹시 구불구불하고 갯벌이 넓었다. 그러나 병자호란 당시에는 대몽항쟁 말기부터 추진되어온 간척 사업으로 해안이 단조롭게 바뀌었다. 이에 따라 갯벌이 축소되고, 해안이 밋밋하게 바뀌면서 바닷물의 흐름도 전보다 완만해졌다. 물살이 사나워서 배를 타고 건너기가 여전히 어렵지만, 그래도 고려 대몽항쟁 때보다는 수월해졌다는 이야기다. 조선 숙종에게 신하들이 보고하는 말 가운데 강화도의 '물길이 전보다 크게 바뀌었다水道與前大變'는 내용이 보이는데, 참고가 된다.[《조선왕조실록》, 1690년(숙종 16) 9월 12일조]

이렇게 병자호란 때 강화도가 함락된 이유를 네 가지로 정리해보았다. 자연환경이 외적을 방어하기에 아무리 유리한 조건을 갖추었다고 해도 지켜내는 것은 결국 사람이 할 일이다.

俊誅琪快快
殺之李宗器業
俊誅垣累遷十
知至此當早殺
林衍惟
性寬洪不與人
德原吏籍軍伍
聚州吏女生衍
林衍初名承柱
捷而有力能倒
將軍宋彦祥
行與鄉人逐

원종 폐위사건

김준을 제거하고 실권을 잡은 임연이 1269년(원종 10)에 원종을 폐위하고 안경공安慶公 창淐[고종의 둘째 아들]을 왕위에 앉혔다. "내가 왕실을 위해 권신을 제거했는데 왕이 김경 등에게 지시해 나를 죽이고자 한다. 앉아서 죽음을 받을 수 없어 큰 일을 행하고자 한다. 나를 따르지 않으면 섬으로 귀양 보내겠다"라고 대신들을 위협해 벌인 일이다.

임연은 몽골에 사신을 보내 원종이 스스로 원해 왕위를 아우에게 물려주었다고 거짓 보고를 한다. 그러나 곧 사실이 밝혀졌고, 몽골의 압력에 굴복한 임연은 원종을 복위시켰다.

고려가 항쟁을 접은 까닭

강화 청련사

왔던 적 사라지면 다시 또 오고, 그때마다 끝없는 죽음의 행렬. 한평생이 전쟁이다. 이제 지쳤다. 누굴 위해 나는 활을 드는가. 낟알 한 톨 없이 배를 굻는데, 저 못된 관리 놈은 또 세금 독촉을 허네. 빌어먹을 놈의 세상, 확 그냥 몽골 놈들한테 붙어버려?

아! 돌아선 백성

몽골은 강화도를 치지 못했다고 말했다. 'do not'이 아니고 'can not'이라는 나름의 결론을 이야기했다. 궁금증이 남았다. '병자호란 때는 왜 함락됐지?' 그래서 몇 가지 내용으로 그 문제를 풀어봤다. 그러자 또 하나의 질문이 이어진다. '고려는 왜 몽골과의 전쟁을 지속하지 못했을까?' 항쟁을 밀어붙이던 무신정권이 힘을 잃었기 때문이었을까? 이대로는 미흡한 답 같다. 이제, 이 문제로 들어가보자.

항전 후반기로 갈수록 대몽항쟁을 이끌던 무신정권의 힘이 약해졌다. 정부의 통제력도 약해졌다. 백성에 대한 국왕의 권위도 점점 떨어지고 있었다. 최씨 무신정권기의 국왕은 한낱 허수아비에 불과했다고 보는 것이 일반적 경향이다.[민병하] 무신집권자들이 초월적 권력을 행사했다는 것이다. 그러나 이 시기 고려 국왕이 언제나 허수아비는 아니었다. 오래도록 나라의 실권을 무신들이 장악하고 있었지만, 왕의 존재를 부정하지 못했던 것은 백성의 마음 깊은 곳에 왕에 대한 충성심이 서려 있어서였다.

1251년(고종 38) 정월, 고종이 제포궁橫浦宮에 행차해 몽골 사신을 만나고 돌아오는 길, 부로父老들이 도성문 밖에 모여 있다가 모두 눈물 흘리며 왕에게 절하고 만세를 부른다. 추운 겨울날 한데에 나와 서서 임금을 기다리고, 그 임금이 나타나자 울며 만세를 외치는 늙은 백성들……. 여기서 임금에 대한 어쩔 수 없는 존중의 마음을 확인하게 된다.

국왕은 당대 정치세력의 대표였을 뿐만 아니라 고려 왕조의 상징이기도 했다.[김당택] 최충헌이 이의민을 제거한 다음, 이의민이 의종을 시해하고 대보大寶를 엿보았기 때문에 국가를 위해서 그를 제거했다고 국왕에게 보고하고 있다. 자신의 이의민 제거가 사직을 지키고 왕위를 보호하기 위함이었다는 변명에서도 무시할 수 없는 국왕의 권위를 느낄 수 있다.

그랬는데, 이제 그 왕권의 위엄이 밑바닥에서부터 흔들리고 있음을 보여주는 상징적인 사건이 발생한다. 1253년 12월, 누군가가 고종의 아버지인 강종 왕릉[후릉厚陵]을 파헤친[도발후릉盜發厚陵] 사건이 벌어진 것이다. 후릉을 훼손하는 사건은 1256년과 1259년에도 거듭된다.

대개 《고려사절요》 원문의 '盜發厚陵'을 '도적이 후릉을 팠다' 또는 '도적이 후릉을 도굴했다'로 번역한다. 여기서 '도盜'는 도둑이 아니라 나라에 불만을 품은 백성으로 보는 것이 사리에 맞을 것 같다. '발發'을 도굴로 풀이하는 것도 무리다. 도둑이 한 짓이니까, 부장품을 노린 도굴이겠지 싶어서 의역한 것 같은데, 적절하지 않다. 도굴이라면 3년마다 한 번씩 세 번이나, 그것도 후릉만을 노릴 이유가 없다. 이 사건은 경제적 이득을 취하려는 도둑의 소행이 아니라 조정에 대한 백성의 저항의 하나로 보는 것이 합당하다.

1256년 11월에는 도적이 태자부太子府에 들어 옥책玉册에 장식한 금은과 비단을 훔쳐가기도 했다. 고려 백성들이 몽골의 내침來侵을 오히려 기뻐했다는 기록이 보이는 것도 이때다. 일부의 모습이지만, 가볍게 넘길 수 없는 일이다. 1258년(고종 45) 5월에는 백성의 이반離反이 더욱 구체적으로 나타났다.

박주博州(지금의 평안북도 박천군) 주민들이 병란을 피해 위도에 입보하던 중 나라에서 도령都領·낭장郎將 최예 등을 보내 별초군을 거느리고 가서 그들을 진무하게 했는데, 박주 사람들이 도리어 최예와 지유 윤겸, 감창사 이승진을 살해해버렸다. 최예 휘하의 군사들이 갈대밭 속으로 달아나 숨었지만, 주민들이 뒤쫓아가서 모조리 죽인 후 몽고에 투항했다. 교위 신보주만이 거룻배를 타고 도망쳐 병마사에게 보고하자 병마사는 군사들을 시켜 추격해 부녀자와 어린 아이들을 빼앗아 돌아왔다.[《고려사》]

이전에도 백성이 도망해 적에 항복하는 일들이 있었다. 그러나 이번에는 정부에서 직접 파견한 장수와 병사들을 죽이고 나서 투항한 것이다. 1258년(고종 45) 9월에도 유사한 사건이 광복산성에서 벌어진다. 피란민들이 방호별감 유방재를 죽이고 몽골에 항복한 것이다.

왜 몽골 제국은 강화도를 치지 못했는가

___청자철채퇴화점문나한좌상

1950년대에 강화읍 국화리에서 여러 조각으로 부서진 채 발견되었다. 복원 작업을
거쳐 원래 모습을 되찾았다. 국보 173호이고 높이가 22.3㎝이다.___

같은 해 12월에는 더 기막힌 일이 벌어졌다. 함경도와 강원도 지역 주민들이 저도猪島에 입보해 있을 때 조휘趙暉 등이 사람들을 모아 동북면병마사, 등주부사(등주는 지금의 북한 강원도 안변군), 화주부사(화주는 지금의 함경남도 영흥) 등을 죽였다. 그리고 고성을 쳐서 집을 불사르고 백성들을 죽이고 노략질하더니 화주 이북의 땅을 몽골에 바쳐버렸다. 옳거니, 몽골은 화주에 쌍성총관부를 설치하고 조휘를 총관으로 삼았다.

여태껏 고려 백성들은 온 힘을 다해 몽골군과 싸웠다. 자신과 가족의 생명을 지켜내기 위한 싸움이었다 하더라도 그것은 결과적으로 나라를 돕는 행위였다. 비록 패배하더라도 대몽항전對蒙抗戰 의식을 고수하는 한 강화도 정부는 버텨낼 힘을 얻을 수 있었다. 그런 백성들이 조정에서 파견한 관리를 살해하고 스스로 몽골에 항복하는 방법으로 정부에 저항하기 시작한 것이다. 이제 고려 조정은 몽골에 맞서기가 어렵게 되었다. 강화도가 철옹성이라 한들 무슨 의미가 있으랴.

끝이 있을까 싶을 정도로 기나긴 전쟁으로 백성들은 몸과 마음 모두가 탈진한 상황이었고, 죽을 고비를 넘기며 피눈물로 농사를 지었지만 끼니도 잇기 어려운 형편이었다. 여기에 나라의 세금 독촉에다 가진 자들의 수탈까지 그치지 않았다. 강화경 정부가 고정매라는 사람을 경기·충청 지역의 소복별감蘇復別監으로 임명한 때가 1255년(고종 42)이었다. 소복별감이란 전쟁 피해가 컸던 곳에 가서 지역민의 생활이 회복되도록 돕는 중요한 관직이다.[강재광] 그러나 고정매는 백성 구하는 일에는 관심 없이 술과 여자에 빠져 지냈다. 오히려 백성들을 침탈해 개인의 욕심만 채웠다. 백성은 믿고 의지할 곳이 없었다.

백성의 저항을 반역이라 탓하기 어렵다. 고려 조정의 자업자득이라고 보는 것이 옳을 것 같다. 백성의 배고픔, 아픔, 야속함을 달래주지 못한 죗값인 것이다. 그래도, 왠지 아쉬움이 남는다.

몽골군, 섬을 건드리다

대몽항쟁 후반기에 들어서면서 몽골군이 섬을 공격하는 일이 잦아졌다. 갈도(1254년 2월), 조도(1255년 12월), 압해도(1256년 6월), 애도(1256년 10월), 신위도(1257년 7월), 창린도(1257년 9월) 등 계속적인 해도海島 침공이 이루어졌다. 북계 지방이나 호서 연안 그리고 전라도 서쪽 해안을 주로 침공하던 몽골군이 1257년(고종 44) 이후부터는 강화도와 가까운 지역의 섬까지 공격하기 시작했다.

드디어 몽골군이 수전에 자신감을 얻은 것일까? 아니다. 몽골은 수전을 치를 수 있는 다른 민족 병사들을 활용했다. 동진국 수군을 동원해 고성현의 송도를 에워싸고 고려 전함을 불태운 사건(1258년 12월)이 예가 된다. 조정에 등을 돌린 고려 백성이 가담하기도 했다.

몽골의 섬 공격은 대개 6~7척 정도의 소규모 침략이었다. 그러나 압해도 침공은 예외였다. 작정하고 70척이나 되는 전선을 투입했다.

전남 신안군 '1004의 섬' 가운데 하나가 압해도다. 강화의 교동도와 비슷한 크기의 섬이다. 압해도에서 육지까지의 거리는 지금의 강화도보다 약간 멀다. 강화도처럼 썰물 때 갯벌이 넓게 드러난다. 몽골이 볼때 강화도를 치기 위한 연습 무대로 적합한 자연조건을 갖춘 곳이다.

만약 이 섬을 장악한다면 몽골은 강화도 침공에 대한 구체적인 작전을 구상해볼 수 있을 것이다. 아울러 남해안 지역에서 올라오는 세금 실은 배들의 길목을 완벽하게 막게 될 것이다. 그렇다면 강화도 조정의 궁핍은 더욱 심해질 것이다. 마침내 몽골군 총사령관 쟈릴타이가 직접 나섰다. 그러나 그는 실패했다.

당시 압해도에는 몽골군을 피해 뭍에서 건너온 사람들이 많았다. 그들은 조직적으로 몽골과의 전투를 준비했다. 섬 안에는 송공산성과 왕산성 등 끝까지 싸울 수 있는 공간도 마련되어 있었다. 그런데 산성 전투는 필요하지 않았다. 몽골군이 상륙하지 못한 것이다. 압해도 주민의 위세에 눌려버렸기 때문이다. 이 상황을 《고려사절요》는 다음과 같이 전한다.

차라대[쟈릴타이]가 일찍이 전선 70척을 거느리고 성대하게 기치를 늘어세우고 압해押海를 치려 해 윤춘과 한 관인을 시켜 다른 배를 타고 싸움을 독려하게 했습니다. 압해 사람들이 대포 두 개를 큰 배에 장치하고 기다리니두 편 군사가 서로 버티고 싸우지 않았는데, 차라대가 언덕에 임하여 바라보고 윤춘 등을 불러 말하기를 "우리 배가 대포를 맞으면 반드시 가루가될 것이니 감당할 수 없다" 하고, 다시 배를 옮겨 치게 했습니다. 압해 사람

___ 압해도
전남 신안군 압해면___

___ 김포 문수산에서 본 강화도
사진에 보이는 너른 들판이 고려시대에는 바다였다.___

들이 곳곳에 대포를 비치했기 때문에 몽골 사람들이 결국 물에서 공격하는 모든 준비를 파했습니다. [1256년 6월]

몽골군의 섬 공격을 고려는 대부분 격퇴했다. 그래도 강도 정부는 적지 않은 압박감을 받았을 것이다. 몽골이 자꾸 배를 띄우는 것은 강화도 침공을 위한 사전 준비로 받아들여질 수 있기 때문이다. 1256년(고종 43) 8월에 쟈릴타이 등이 통진산(지금의 경기도 김포시 문수산)에 올라 강화도를 살펴보았다는 《고려사》 기록도 강도江都 공략을 준비하는 작업의 하나로 읽힌다. 문수산 중턱에만 올라도 강화도 안이 훤히 들여다보이기 때문이다.

또 한 가지 유념할 것은 몽골군의 전술 변화 양상이다. 농사지으며 전쟁한다는 역전역경亦戰亦耕의 전술을 고려에서 펼치기 시작한 것이다. 《고려사》에서는 다음과 같이 몽골군의 둔전 계획에 대해 기록했다. "왕만호王萬戶가 군사 10령十領[1만 명]을 거느리고 서경 옛 성을 수축하고, 또 전함을 만들고, 둔전屯田(군량을 충당하기 위해 변경이나 군사 요지에 설치한 토지)을 개간해 오래 머무를 계획을 세웠다."(1259년 2월)

일정 기간 전투를 벌이다 돌아가곤 했던 그들이 이제는 아예 갈 생각을 안 한다. 성을 쌓고, 배를 만들고, 거기에 농사까지. 유목민족이랑 어울리지 않는 모습을 보이기 시작했다. 당시 몽골군의 지휘관을 살펴보면 만호萬戶 직책을 가진 왕씨王氏 성을 가진 장수였다. 그의 성으로 살펴보건대 몽골인은 아니었을 것이다. 그래도 어쨌든 몽골의 지휘관이다. 몽골 군대답지 않은 전술의 변화는 고려 정부에 설상가

상 그 자체였다.

1250년부터 1270년까지 몽골에는 이상저온 현상이 나타났다고 한다. 가뜩이나 적은 강우량이 더 적어졌다. 풀이 제대로 자라지 못하자 가축들이 대거 쓰러졌다.[잭 웨더포드] 몽골의 자연환경이 황폐해졌기 때문에 고려에 대한 침탈이 점점 집요해지고 악착스러워지는 것인지도 모르겠다. 강화도 조정의 고민이 깊어갈 수밖에 없었다.

왜 몽골 제국은 강화도를 치지 못했는가

바다를 막았다만

강화도 정부가 항복을 결정하는 데는 경제적인 문제도 영향을 끼쳤다. 그동안 강화도 조정은 전국 백성이 보내는 세금 수입으로 나라 살림을 해왔다. 전쟁 중임에도 국가 재정이 크게 나쁘지는 않았던 것 같다. 원 간섭기인 1280년(충렬왕 6) 3월에 감찰사가 임금에게 올린 글이 이렇게 시작된다. "이전에 수도가 강화경江華京에 있을 때에는 공부貢賦가 그런대로 충족되었는데 지금에 와서는 좌창左倉과 우창右倉의 수입이 갑자기 줄어든 데다……." 나라 살림이 강화도 조정 때보다 더 어렵다는 말이다.

그러나 대몽항쟁 후반기로 가면서 고려는 관리들에게 녹봉을 줄 수 없을 정도로 국가 재정이 악화되었다. 기근에 역질까지 닥치면서 강화도 안에서도 굶어 죽는 이가 속출했다. 재정이 궁핍해진 것은 세금 수입이 크게 줄었기 때문이다. 통상 가을에 왔다가 봄이면 철수하던

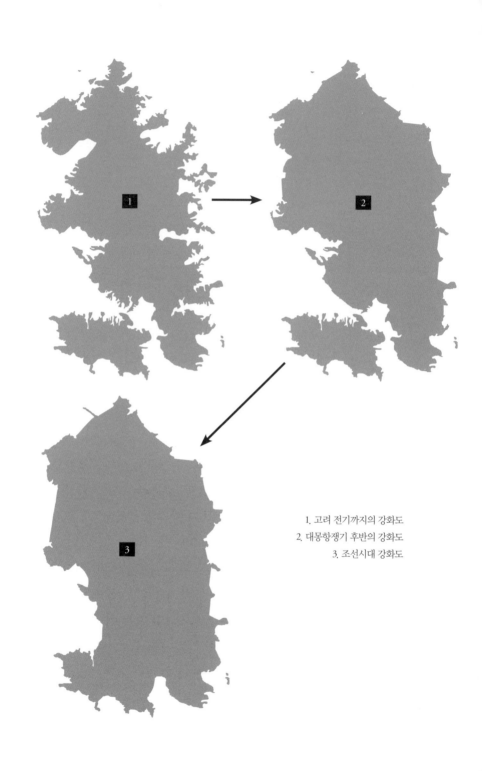

1. 고려 전기까지의 강화도
2. 대몽항쟁기 후반의 강화도
3. 조선시대 강화도

몽골군이 이제는 머물며 분탕질을 일삼았다. 급기야, "여러 도의 벼는 모두 몽골병의 수확한 바"[《고려사》 1258년 12월]가 돼버리는 지경에 이르렀다.

백성들은 농사를 짓기 어려웠고, 용케 추수했어도 세금 납부를 회피하는 경우가 많았다. 강화도 정부에 대한 반감이 커졌기 때문이다. 안전이 보장됐던 바다의 세금 수송 길, 즉 조운로가 몽골군에 의해 위협받게 된 상황도 고려의 국가 재정이 어려워진 이유가 된다. 몽골군이 불쑥불쑥 배를 띄워 육지에서 가까운 섬들을 공격하고 있으니 바닷길이 위험해진 것은 당연했다.

전쟁 막바지에 강화도 조정이 경제난을 겪고 있었음은 강화도 간척 사업을 독려했다는 사실을 통해서도 유추해볼 수 있다. 고종은 몽골의 6차 고려 침략 때인 1256년(고종 43)에 강화도 북동쪽 해안가에 대규모로 둑을 쌓고 농토를 만들라고 명했다. 강화도 북쪽 조강 연안의 제포와 와포에 둑을 쌓아 좌둔전으로 하고 염하변의 이포와 초포를 막아 우둔전으로 삼으라고 한 것이다. 그 결과 S자 형태로 굴곡이 심했던 강화도 해안이 완만한 곡선 형태로 바뀌게 되었다.

제포, 와포 등에 대한 간척으로 강화도의 면적이 많이 늘어났고 농업생산력 역시 늘어났다. 그러나 대몽항쟁을 지속하기 위한 작전으로는 실속이 없었다. 조정이 원했던 식량 생산이 제대로 되지 않았을 것이기 때문이다. 바다를 막아 농토를 만들면 소금기가 다 빠질 때까지 여러 해를 기다려야 한다. 간척하고 불과 3년 뒤에 항복한 셈이니, 그때까지는 수확이 있었다 해도 보잘것없는 양이었을 것이다.

원종, 쿠빌라이를 만나다

1259년(고종 46) 4월 태자 전(隅)(훗날 원종)은 위독한 아버지 고종을 대신해 뭍으로 나간다. 몽골 칸 몽케를 찾아가는, 항복의 길이다. 금방이라도 숨이 멎을 것 같은 늙은 아버지를 두고도, 떠날 수밖에 없을 만큼 정세가 긴박했다.

몽골로 향하는 원종은 무슨 생각을 했을까? 항쟁을 포기하고 항복하는 것이 아쉬웠을까? 아니면 차라리 잘 되었노라고 홀가분해 하면서 왕권의 회복을 기대했을까? 그도 아니면 '아직 항복은 아니야' 내심 외치고 있었을까? 당시 그의 의중을 제대로 헤아릴 수는 없다.

큰비가 내려 강물이 넘쳐도 원종은 멈추지 않고 길을 갔다. 그런데 중간에 몽케 칸의 사망 소식을 듣게 된다. 전혀 예상치 못한 일이 벌어진 것이다. 천신만고 끝에 예까지 왔는데, 만나야 할 사람은 이미 이 세상 사람이 아니다. 이런, 이제 어디로 가야 하나!

왜 몽골 제국은 강화도를 치지 못했는가

우연이었는지 작정하고 그랬는지 알 수 없으나 원종이 만나 고개를 숙인 인물은 몽케 칸의 동생인 쿠빌라이였다. 아릭부케[亞里字哥]가 아니었다. 당시 쿠빌라이는 동생인 아릭부케와 칸 자리를 놓고 치열하게 다투고 있었다.

돌아가는 상황으로 볼 때 아릭부케가 칸이 될 가능성이 커보였다. 아릭부케는 몽골의 전통을 고수하던 인물로 몽케 가족의 지지를 받고 있었다. 특히 섭정을 맡은 몽케 부인의 지원이 힘이 되었다. 아릭부케는 몽골법에 따라 몽골인의 고향에서 열린 쿠릴타이를 통해 칸으로 선출되었다. 적법한 절차를 따른 것이다.

반면에 쿠빌라이는 정통성이 부족했다. 중국 색깔[한화漢化]을 수용한 것이 불리하게 작용했다. 선수를 쳐서 1260년 아릭부케보다 먼저 칸을 선언하기는 했다. 그러나 북경 근처에 자신의 추종세력만 모아서 연 쿠릴타이의 권위는 초라했다. '비겁한 쿠릴타이' 라는 소리도 들었다.[김종래]

하나의 나라에 두 명의 칸이 등장했으니 남은 것은 내전[內戰]뿐이다. 이후 수년간 쿠빌라이는 아릭부케 세력을 진압하는 데 힘을 쏟아야 했다. 쿠빌라이의 승리는 정통성을 충분히 확보하지 못한 대신, 풍부한 물자와 강한 군사력을 갖췄기에 가능했다. 아릭부케는 1264년에야 백기를 들었다.

이러한 상황에서 쿠빌라이에게는 고려의 항복이 너무도 절실했다. 바로 그때, 원종이 찾아가 손을 내민 것이다. 배부른 사람에게 내주는 장어 한 접시보다 배고픈 이에게 건네는 컵라면 하나가 더 눈물겨운

법이다. 쿠빌라이는 천군만마보다 더 원종을 반겼다. 이후 고려는 몽골 측의 많은 양보를 받으며 공식적인 화의를 맺게 된다.

1260년(원종 1) 4월에 쿠빌라이[원 세조]가 원종에게 보낸 조서詔書에는 '당장 몽골군을 철수시키겠다', '포로로 잡혀온 고려 백성을 돌려보내겠다', '고려 백성의 물건을 실 한 오라기라도 노략질하는 몽골인은 단죄하겠다'라는 약속이 담겼다.

몽골에 간 고려 사신에게 쿠빌라이가 말하길, "그대 나라가 우리와 통교한 지 40년이 되었다. 이제 조회하는 나라가 80여 국인데 그대들은 내가 예로 대접하기를 그대 나라처럼 후하게 하는 것을 보았는가"라고 하며 고려를 각별하게 아낀다는 뜻을 전했다.

1260년 6월에 보낸 조서에서 쿠빌라이는 원종의 요구를 받아들여 이렇게 말했다. "의관衣冠은 본국[고려]의 풍속을 좇아서 상하가 모두 고치지 마라, 옛 서울로 옮기는 것을 더디게 혹은 빠르게 함은 마땅히 여력을 헤아려 하라, 원래 설치된 다루가치 일행 등은 함께 명령해 서쪽으로 돌아오게 하겠다."[《원고려기사》] 오달진 마음에 큰 답례품을 고려로 보낸 것이다.

몇 년 전인 1254년(고종 41)만 해도 몽골군 사령관 쟈릴타이는, 고려의 군신과 백성이 모두 몽골식으로 머리를 깎아야 한다고 했었다. 변발 강요는 고려를 완전히 복속하겠다는 의지의 표현이었다. 그런데 이제 쿠빌라이가 고려 고유의 의관을 그대로 유지하게 했다. 이는 고려의 제도와 풍속을 존중하겠다는 의미다. 고려라는 독립된 왕조의 존재를 그대로 인정하겠다는 뜻이다. 이를 '불개토풍不改土風'의 원칙

왜 몽골 제국은 강화도를 치지 못했는가

이라 했는데, '세조구제世祖舊制'로도 부르게 된다. 훗날, 원이 고려에 대한 내정 간섭을 강화하려고 할 때마다 고려는 원 세조의 옛 약속을 들이밀며 자주성을 지켜내려고 했다.

1323년(충숙왕 10). 충숙왕이라는 호칭에 나타나 있듯이 고려가 원의 간섭 아래 있을 때다. 이때 원나라가 고려에 성省을 설치하려고 했다. 원나라 내부 행정구역 단위인 성이 고려에 설치된다는 것은 고려가 원나라에 흡수된다는 의미다. 그러자 이제현李齊賢(1287~1367)이 원나라 조정에 글을 올려 강력하게 반대했다. 그때 이제현은 '세조구제'를 적극적으로 활용했다. 다음은《고려사절요》에 들어 있는 이제현의 글을 요약하고 읽기 편하게 다듬은 것이다.

고려는 지금까지 원 황실에 온 힘을 다했습니다. 일본을 정벌할 때도 모든 병력을 다 보내 선봉에서 싸웠습니다. 일찍이 세조 황제께서는 우리 고유 풍속과 제도를 유지하여 종묘사직을 보전하도록 해주셨습니다. 제가 들으니, 원 조정에서 우리 고려에 행성을 설립하려는 의논이 있다고 합니다. 그렇다면, 우리가 그동안 원나라에 정성을 다한 공로를 일단 접어두더라도, 세조의 말씀은 어찌할 것입니까? 지금 황제께서 새로 내리신 조서를 읽어보니 '천하를 태평하게 다스려서 세조의 정치를 회복하겠다'라고 하셨는데, 유독 우리나라의 일에 대해서만 세조의 말씀을 따르지 않는 것이 옳겠습니까?

결국, 원나라 조정에서 고려에 성을 두자는 논의가 그치게 되었다. 이제현의 논박이 큰 힘을 발휘했고, 그 안에서 '세조구제'가 제 구실을 했다.

___ 삼랑성

단군의 세 아들이 쌓았다고 전한다. 정족산성으로도 불린다. 성 안에 전등사, 고려 가궐지, 정족산
사고가 있다. 사적 제130호. 강화군 길상면.___

___전등사

삼랑성 안에 있는 절이다. 고구려 소수림왕 때 창건됐다고 한다. 고려 때 경내에 가궐을 지었다. 지금 명부전 맞은편이 가궐지로 알려졌으나 추정일 뿐, 확실하지 않다.___

되돌아보는 대몽항쟁

십여 년 전에 '일본 속의 한민족사 탐방' 행사에 참여한 적이 있다. 일본에 머문 며칠 동안 길거리를 유심히 살폈다. 엉뚱하지만 쓰레기를 찾기 위해서였다. 첫날은 실패였다. 거리는 정말 깨끗했다.

교육은 나를 어릴 때부터 세뇌했다. "일본 사람들은 길에 절대로 휴지를 버리지 않으며, 차 안에서는 모두 책을 읽는다." 그들을 배워야 한다는 간접적인 강요 같았다. '일본 사람들 대단하구나' 하는 생각이 들지 않았다. 오히려 가슴 속에 똬리를 튼 일본에 대한 반감이 더 강해졌다. 왠지 사람 같지 않은 이질감을 느꼈기 때문이다.

일본 여행 사흘째였나, 아침 일찍 어느 상가 골목에서 엄청난 쓰레기를 발견했다. 담배꽁초에 휴지에 구토의 흔적까지, 장난이 아니었다. 지난밤에 버려진 것들이 아직 청소되지 않은 것이다. 그들도 버린다. 다만 청소를 잘할 뿐이다! 그때부터 일본인들이 인간적으로 보이

왜 몽골 제국은 강화도를 치지 못했는가

기 시작했다. 친근감이 느껴졌다. 널브러진 쓰레기를 통해 사람냄새를 맡은 독특한 경험이었다.

몽골은 역사상 가장 강대했던 나라다. 동·서양 수많은 나라가 그들의 말발굽에 무릎을 꿇었다. 대개가 변변한 저항조차 못했다. 정복당한 나라들은 몽골의 군사력을 무시무시한 존재로 그렸다. 빈틈없는 완벽한 군사집단으로 묘사했다. 인간을 벌하려고 하늘에서 내려보낸 군대라고도 했다.

혹시 '우리가 못해서가 아니야. 약해서도 아니고. 저들 몽골군이 비정상적으로 강했기 때문에 진 거야. 누구도 저들을 이길 수 없어. 부끄러워할 일이 아니라고' 같은 자기 위안이 필요했던 것은 아니었을까?

몽골군도 인간이다. 그들에게도 얼마든지 빈틈이 있었다. 보통 사람과 똑같이 두려움과 공포를 느꼈고, 환경에 따라 전술적으로 취약한 부분을 드러냈으며, 군주는 물론 장수들까지도 권력욕을 어쩌지 못해서 일을 그르치고는 했다.

고려는 몽골군의 빈틈을 파고들어 오래도록 그들과 겨루었다. 강화도로 조정을 옮겨 몽골의 침공을 봉쇄했다. 세계적으로도 드문 장기 항몽전쟁이 가능했던 본질적인 힘, 그것은 육지 백성으로부터 나왔다. 정부군은 무너졌어도 백성들은 무너지지 않았다. 곳곳에서 믿기 어려운 승리를 일궈냈다.

그랬는데, 그랬었는데, 그토록 처절하게 숭고하게 몽골군에 대항하던 백성들이 싸워보지도 않고 항복하기 시작했다. 몽골군의 침공 소식을 듣고 기뻐할 만큼 변해버렸다. 심지어 지방관을 죽이고 땅을 들

___ 제주 환해장성

외침을 대비해 제주도 해안에 쌓은 성. '탐라의 만리장성'으로 말해진다. 삼별초의 진입을 막기 위해 고려 조정의 명으로 쌓았다고 한다. 그러나 결과적으로 삼별초를 보호하는 방어막이 되었다.___

어 몽골군에 넘겨버리는, 생기지 말아야 할 일까지 생겼다. 이러한 일들이 부분에 불과하다고 무시할 수 없는 지경에 이르렀다.

백성이 돌아섰다. 강화도 조정이 온전하다고 해도 항쟁은 이제 틀렸다. 엎친 데 덮친다고 몽골의 침략은 점점 집요해지고 있었다. 재정의 어려움은 말로 하기 어려웠다. 고려는 이제 항복 절차를 밟을 수밖에 없었다. 최씨 정권의 붕괴는 몽골과의 화해를 구체화하게 했다.

원종이 만난 사람이 쿠빌라이였다는 점, 만난 시기가 적절했다는 점은 고려에 유리하게 작용했다. 고려는 상대적으로 좋은 조건에서 몽골과 화의를 맺고 나라를 지탱하게 되었다. 운이 좋았다고 말할 수는 없다. 오랜 세월 지속해온 항쟁의 결과였다. 강화도 조정이 존속했기에 가능한 일이었다. 불쌍한 백성들의 땀과 눈물 그리고 그들이 흘려야 했던 피의 대가였다.

이승을 이어 저승에서도 고려 땅 내려다보며 애끓었을 고종 임금! 그에게 마지막 한 말씀 청한다면, 그는 무슨 말을 남길까. 젖은 목소리로 이렇게 말하지 않았을지.

"되었다. 이제 됐다. 차마 그럴 수 없어, 투항의 물결에 휩쓸리지 않은 선한 백성들아! 침략자에 굴복하느니 차라리 죽으리라, 뜨거운 결의로, 이날 이때까지 싸워온 나의 백성아! 이제, 이제 되었느니…….미안하다. 고맙다. 너희가 고려의 진정한 주인이다. 이 못난 왕실이 아니다. 너희로 말미암아 고려가 숨 쉬리라."

다르게 생각해볼 만한 고려의 항복 시기

① 김호동의 견해

김호동은 《몽골 제국과 고려》(2007)에서 고려가 몽골에 항복한 시기를 1259
년이 아니라 1260년으로 볼 수도 있음을 말했다. 1259년에 원종이 쿠빌라이
를 만났지만, 그때 정식으로 항복 절차를 밟지 않았다고 보기 때문이다. 당시
원종은 태자 신분이었고, 쿠빌라이도 칸의 동생이었을 뿐이었다. '항복문서'
를 전달하지도 않았다.

고려의 주체 원종은 고종으로부터 전권을 위임받은 것으로 보아 문제가
되지 않는다. 그러나 쿠빌라이는 몽골의 주체가 아니었다. 그래서 공식적인
화의를 맺은 것은 원종이 즉위한 후 영안공永安公 희僖를 보내 쿠빌라이의 즉
위를 축하하면서 고려의 신속 의사를 표시한 1260년이라고 보는 것이다.

1260년 4월 몽골로 떠난 영안공 희는 같은 해 8월에 돌아왔다. 몽골로부터
국새와 조서를 받아왔다. 조서에는 "연호를 세워 중통 원년이라 했으니 사신
이 돌아가거든 마땅히 국내에 포고해 내 뜻을 알게 해주기 바란다"라는 쿠빌
라이의 당부가 적혀 있다.

왜 몽골 제국은 강화도를 치지 못했는가

② 삼랑성 가궐과 신니동 가궐 건립문제

현재 고려의 항복 시기는 1259년으로 인식되고 있다. 김호동을 따르면 1260년이 될 것이다. 그런데 고려 당시에는 그렇게 받아들이지 않았을 가능성도 있다. 사실, '태자 전을 보내 표문을 받들고 몽골에 가게 했는데' 라는 《고려사절요》(1259년 4월)의 내용도 항복 기사로는 좀 싱겁다.

고종은 태자를 몽골에 보내고 나서 강화군 길상면 삼랑성과 강화군 선원면 신니동에 가궐假闕 짓기를 명한다. 왕업을 연장하기 위해서였다. 이때 가궐이 바로 지어지지는 않았던 것 같다. 가궐은 1264년(원종 5)에 세워진다. 원종은 전등사 경내에 있는 삼랑성 가궐에서 4개월 동안 대불정오성도량을 베풀게 했고, 신니동 가궐로 거처를 옮기기도 했다.

"삼랑성 신니동에 가궐을 지으며 친히 오성도량을 베풀면 몽골에 조회하는 것을 그만둘 수 있고 삼한이 변해 황제국이 되고 큰 나라가 와서 조회할 것"이라는 백승현의 건의를 따른 것이다. 진심으로 항복했다면, 몽골에 조회하지 않으려고 가궐들을 지을 이유가 없어 보인다.

이상의 《고려사절요》 기록으로 볼 때, 고려 왕실의 속내는 여전히 항쟁의 지속에 있었던 것이 아닐까 하는 생각이 든다. 그렇다면 '고려의 눈'으로 볼 때 진짜 항복 시기는 언제일까? 원종 개인의 관점으로 볼 때, 임연에게 폐위당했다가 몽골에 의해 복위된 1269년(원종 10)이 완전한 항복 시점일 수 있다. 왕권의 안정과 강화를 위해서는 몽골의 도움이 필요하다고 여겼을 것이기 때문이다. 외형적으로는 개경 환도가 이루어지는 1270년(원종 11)이 될 것이다. 고려가 항복한 해는 언제인가, 다시 생각해볼 문제다.

에필로그__
강화도가 품은 고려 왕릉

조선의 왕릉 많기도 많다. 하나같이 수려한 경관. 조선 왕릉 찾는 이들 많기도 많다. 고려의 왕
릉들은 북녘에 있다. 개성이 수도이니 당연한 거지. 다행히 남녘에도 몇 기, 강화도에 있다. 아
이고, 그 귀한 문화재 잘들 계신가? 사람 그리워하며 잘 계십니다.

능내리 석실분

고려는 태조 왕건부터 마지막 공양왕까지 모두 34명의 임금이 있었다. 이들 왕과 왕비 등을 모신 왕릉이 60기基다. 이 가운데 소재지가 파악된 것이 대략 40기, 현존하는 왕릉은 30기쯤 된다.[장경희] 고려 왕릉 대부분이 개성과 그 주변 지역에 집중되어 있는데 특히 개풍 지역에 많다.

남한 땅에는 고려 왕릉이 별로 없다. 경기도 고양에 있는 공양왕릉을 우선 들 수 있는데, 강원도 삼척에도 공양왕릉이 있어서 좀 혼란스럽다. 강화도는 몽골과 항쟁하던 시기에 고려의 도읍지였다. 그래서 왕릉이 여럿 조성되었는데 현재 확인 가능한 것은 왕의 묘 2기와 왕비의 묘 2기, 모두 4기다.

희종 왕릉인 석릉碩陵(양도면 길정리, 사적 제369호), 강종비 원덕태후를 모신 곤릉坤陵(양도면 길정리, 사적 제371호), 고종 왕릉인 홍릉洪陵(강화읍 국화리, 사적 제224호), 원종비 순경태후를 모신 가릉嘉陵(양도면 능내리, 사적 제370호)이다. 곤릉은 고종의 어머니 묘이고, 가릉은 고종의 며느리 묘다.

최충헌이 이의민을 제거하고 권력을 잡은 시기가 명종대였다. 최충

왜 몽골 제국은 강화도를 치지 못했는가

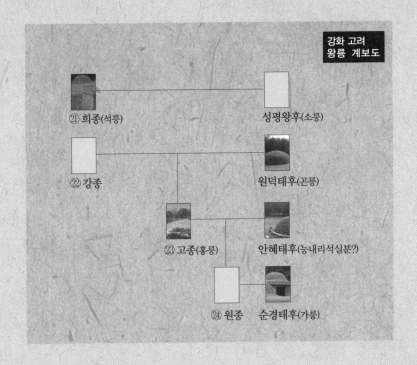

강화 고려
왕릉 계보도

㉑ 희종(석릉) — 성평왕후(소릉)

㉒ 강종 — 원덕태후(곤릉)

㉓ 고종(홍릉) — 안혜태후(능내리석실분?)

㉔ 원종 — 순경태후(가릉)

헌은 명종을 폐위하고 명종의 동생을 새 왕으로 삼았다. 그가 신종神宗(재위 1197~1204)이다. 신종은 최충헌의 허수아비였다고 보아도 틀리지 않는다. 그러나 신종의 아들 희종熙宗(재위 1204~1211)은 달랐다. 왕으로서의 자존감을 갖고 왕권 회복을 위해 노력했다. 그는 최충헌 제거 계획까지 세웠다가 실패하고 폐위되는 고통을 겪었다.

어느 날 희종이 궁 깊이 자객을 숨겨두고 최충헌을 유인했다. 호위병 없이 단신으로 임금 앞에 선 최충헌이 꼼짝없이 죽을 위기에 빠졌다. 희종은 살려 달라는 최충헌의 요청을 못 들은 척했다. 그러나 하늘은 희종을 돕지 않았다. 지주사방知奏事房 장지문 사이에 숨어 목숨을 부지한 최충헌은 희종을 폐위해 강화도로 귀양 보내고, 명종의 아들을 새 왕[강종]으로 삼았다.

희종은 강화도에서 자연도紫燕島(지금의 인천 영종도)로, 다시 교동으로 내몰렸다가 1219년(고종 6)에 유배가 풀려 개경으로 돌아갔다. 그러나 몇 년 후 다시 교동, 다시 자연도, 강화도로 내둘리다가 법천정사法天精舍에서 승하했다. 몽골 침략 전에 유배 생활을 시작해서 전쟁기인 1237년(고종 24)에 생을 마감한 것이다. 이후 강화 석릉에 모셔졌다.

희종을 이어 즉위한 이가 강종康宗(재위 1211~1213)이다. 강종은 명종의 아들이다. 최충헌은 명종을 폐위시키면서 그의 아들[강종]을 강화도에 유배했었다. 강종은 유배지 강화도에서 10여 년을 살다가 다시 개경으로 돌아가 즉위했다. 강종 왕릉이 후릉厚陵인데 개성 근처로 알려졌을 뿐, 정확한 위치를 알 수 없다.

강종 비 원덕왕후는 고종의 어머니다. 남편의 강화도 유배 시절에 함께 강화도에 있었을 것이다. 그런데 원덕왕후가 사망한 때는 1239년(고종 26)이다. 이때는 몽골과 맞서 싸우던 강화도 정부 시절이었다. 조정이 강화도로 옮겨올 때 원덕왕후 역시 강화도로 다시 왔고 이곳에서 사망해 곤릉에 모셔진 것 같다. 고종은 왕위에 오른 후 어머니 원덕왕후를 원덕태후로 추존했다.

1192년에 태어난 고종은 1213년, 22세 때 왕이 되었다. 무신이 집권한 시대의 왕이자, 몽골의 침략을 당하던 시대의 왕으로 파란만장한 삶을 보내고 1259년에 세상을 떠났다. "…… 능묘의 제도는 가능한 한 검약하게 할 것이며 하루를 한 달로 계산하여, 사흘 만에 상복을 벗도록 하라"는 유언을 남겼다. 이때 나이 68세로 재위 기간이 46년에 이른다. 잠든 곳이 바로 홍릉이다.

가릉은 원종의 비 순경태후를 모신 왕릉이라고 했다. 순경태후는 충렬왕의 어머니로 생시에는 왕비가 아니었다. 남편인 원종이 즉위하기 전인 1237년(고종 24)쯤에 사망했기 때문이다. 원종 즉위 후에 정순왕후로 추존되었고, 충렬왕 때 다시 추존해 순경태후가 되었다.

강화도에 있는 고려 왕릉 네 곳, 석릉·곤릉·홍릉·가릉을 보았다. 그런데 또 다른 왕릉으로 추정되는 무덤 2기가 더 있다. 소릉紹陵 추정지와 능내리 석실분이다.

소릉은 1247년(고종 34)에 세상을 떠난 희종 비 성평왕후가 묻힌 곳이다. 남편 못지않은 고통과 절망 속에 살다가 묻혀서도 잊힌 여인, 그의 무덤이 어디인지 명확하지는 않다. 그런데 지금 내가면 덕산에 소릉 터가 구전口傳되고 있다. 도굴로 파손되어 형태를 알아보기 어렵다고 하지만 소릉현紹陵峴에서 나온 '수레이 고개(수렁이 고개)'라는 지명에서도 가능성을 확인하게 된다.[강화문화원]

능내리 석실분은 가릉 바로 뒤에 있다. 최근에 발굴 복원되었는데 가릉보다 규모가 크고 난간석도 일부 설치됐다. 왕릉일 터인데 주인이 누구인지 모른다. 다만 고종 비 안혜태후(?~1232, 희종과 성평왕후의 딸)의 것으로 추정한다. 시기적으로 가릉보다 먼저 조성된 점, 출토된 은제도금 장식에 왕비를 상징하는 봉황문이 새겨진 점 등이 추정의 근거다. 묻힌 이가 여성인 것만은 확실하다. 부분적으로 수습된 인골에 대한 유전자 분석 결과로 성별이 밝혀졌다.[국립문화재연구소]

경기도 고양에 있는 공양왕릉을 가 본 사람들은 말한다. 너무 초라하다고. 조선 왕릉에 비할 수 없는 규모, 시설, 관리 상태……. 그래도 공양왕릉은, 강화도에 있는 고려 왕릉에 비하면, 훌륭하다. 강화도의 고려 왕릉들은 너무 작고, 허술하고, 쓸쓸하다.

작으면 작은 대로 아늑함이 있는 법, 이제 와서 왕릉의 묘역까지 넓힐 필요야 없겠지만, 난간석과 석물이라도 격에 어울리게 갖췄으면 좋겠다. 제주에 올레길이 열렸듯, 강화도에 나들길이 열렸다. 과거와 현재, 역사와 자연이 합일된 아름다운 길이다. 나들길 코스에 고려 왕릉들도 포함된다. 이제 왕릉들, '사람 구경' 하면서 쓸쓸함을 덜리라.

●

순경태후는
언제
세상을 떠났을까

순경태후는 김약선의 딸이고, 최우의 외손녀다. 태어난 해는 알 수 없고 죽은 해도 명확하지 않다. 1235년(고종 22) 6월에 태자[원종]와 혼인해 태자비가 되었다. 1236년 2월에 아들[충렬왕]을 낳았다. 아들을 낳고 얼마 지나지 않아 사망했다고 한다. 그래서 순경태후의 사망 시기를 충렬왕이 태어난 1236년으로 본다. 이게 정설이다.

왜 몽골 제국은 강화도를 치지 못했는가

일부에서는 1244년(고종 31)에 사망했다고 한다. 《고려사》와 《고려사절요》에 '1244년 2월, 신안공 전仝의 딸을 새 태자비로 삼았는데, 이는 전前 태자비가 죽었기 때문'이라는 기록을 따른 것이다. 그러나 이것은 오류인 것 같다. 1244년은 새로운 태자비를 들인 해이지, 전 태자비[순경태후]가 죽은 해는 아니다.

그런데 이 책에서는 순경태후가 사망한 해를 1237년쯤이라고 소개했다. 1236년에 일 년을 더한 것인데, 근거는 《동국이상국집》에 있는 다음의 기록이다.

"정유년 10월 초7일에 왕은 이렇게 말하노라. 하늘이 수명을 주지 않으시니, 슬프다 영령英靈이 갑자기 가도다. …… 어찌 갑자기 위독한 병에 걸리어 짧은 시간도 빌려 주지 않았는고. …… 이미 아들을 낳은 상서를 얻었고 조금 후에 딸을 낳는 경사도 있었다. 모든 일이 너무 빠르므로 짐朕은 스스로 의심했더니 과연 그 나이에 이런 일이 있도다. ……"

고종이 어린 며느리의 죽음을 슬퍼하며 시호를 내리는 글의 일부다. 그 해가 정유丁酉년, 1237년이다. 이 기록을 따른다면 순경태후는 아들 하나만 낳고 죽은 것이 아니라 아들과 딸을 낳고 사망한 것이 된다.

결혼생활 일이 년 만에 남편과 자식을 두고 하늘로 간 가여운 여인, 여기 가릉에 잠들었다.

참고문헌

● 단행본

강재광, 《몽고침입에 대한 최씨 정권의 외교적 대응》, 경인문화사, 2011.

강화군 군사편찬위원회, 《신편강화사(상·중)》, 2003.

강화군·육군박물관, 《강화도의 국방유적》, 2000.

강화군·진단전통예술보존협회, 《고려대장경과 강화도》, 2011.

강화군청·인하대학교박물관, 《강화 승천포》, 2002.

강화문화원, 《강도의 민담과 전설》, 1994.

경기도박물관, 《초원의 대서사시—몽골유목문화》, 1999.

구종서, 《칭기스 칸에 관한 모든 지식》, 살림, 2008.

국립문화재연구소, 《사진으로 보는 북한국보유적》, 2006.

_____, 《강화 고려왕릉》, 2007.

국방군사연구소, 《한국무기발달사》, 1994.

국사편찬위원회, 《고등학교 국사》, 교육과학기술부, 2010.

_____, 《중학교 국사》, 교육과학기술부, 2010.

김상기, 《신편고려시대사》, 서울대학교출판부, 1985.

김안국 외, 《동아시아 연표》, 청년사, 1992.

김재근, 《우리 배의 역사》, 서울대학교출판부, 1989.

김종래, 《유목민 이야기》, 자우출판, 2002.

김호동, 《몽골 제국과 고려》, 서울대학교출판부, 2007.

노계현, 《여몽외교사》, 갑인출판사, 1993.

대구MBC, 《하늘과 맞닿은 바람의 나라 몽골》, 이른아침, 2008.

동아대학교 석당학술원, 《국역 고려사》, 경인문화사, 2008.

민병하, 《고려무신정권연구》, 성균관대학교출판부, 1990.

민족문화추진회, 《신편 고려사절요》, 신서원, 2004.

박상진, 《나무에 새겨진 팔만대장경의 비밀》, 김영사, 2007.

박용은, 《고려시대 관계·관직연구》, 고려대학교출판부, 1997.

박원길, 《몽골의 문화와 자연지리》, 두솔, 1996.

박은경, 《고려시대향촌사회연구》, 일조각, 1996.

박종기, 《새로 쓴 5백년 고려사》, 푸른역사, 2010.

박한제 외, 《아틀라스 중국사》, 사계절, 2010.

배석규, 《대몽골 시간여행》, 굿모닝미디어, 2004.

신현덕, 《신현덕의 몽골풍속기》, 혜안, 1999.

손영식, 《한국의 성곽》, 주류성, 2009.

여원관계사연구팀, 《원고려기사》, 선인, 2008.

오윤희, 《대장경, 천년의 지혜를 담은 그릇》, 불광출판사, 2011.

유원수 역주, 《몽골비사》, 사계절, 2011.

육군사관학교 육군박물관, 《강화군 군사유적 지표조사보고서(성곽·봉수편)》, 2000.

윤용혁, 《고려대몽항쟁사연구》, 일지사, 1991.

＿＿＿＿, 《고려 삼별초의 대몽항쟁》, 일지사, 2000.

＿＿＿＿, 《여몽전쟁과 강화도성 연구》, 혜안, 2011.

이승한 지음, 《고려무인이야기3》, 푸른역사, 2003.

이중환 지음, 이익성 옮김, 《택리지》, 을유문화사, 2004.

일본사학회, 《아틀라스 일본사》, 사계절, 2011.

장경희, 《고려왕릉》, 예맥, 2008.

장장식, 《몽골민속기행》, 자우출판, 2002.

최연주, 《고려대장경연구》, 경인문화사, 2006.

최영준, 《국토와 민족생활사》, 한길사, 1997.

차용걸·최진연, 《한국의 성곽》, 눈빛, 2002.

한국고전용어사전편찬위원회, 《한국고전용어사전》, 세종대왕기념사업회, 2001.

한국교원대학교 국정도서사회편찬위원회, 《사회 5-1》, 교육과학기술부, 2011.

한국문화재보호재단·강화군, 《강화외성 지표조사보고서》, 2006.

한국사연구회, 《고려시대 사람들은 어떻게 살았을까》 1·2, 청년사, 2005.

한국정신문화연구원, 《한국민족문화대백과사전》, 1991.

한성호, 《몽골 바람에서 길을 찾다》, 멘토프레스, 2009.

호암갤러리, 《대고려국보전》, 1995.

홍재상, 《한국의 갯벌》, 대원사, 1998.

KBS역사스페셜, 《역사스페셜》 6, 효형출판, 2003.

KBS한국사傳 제작팀, 《한국사傳》 2, 한겨레출판, 2008.

강톨가 외, 김장구·이평래 옮김, 《몽골의 역사》, 동북아역사재단, 2009.

룩 콴텐 저, 송기중 옮김, 《유목민족제국사》, 민음사, 1984.

르네 그루쎄, 김호동·유원수·정재훈 옮김, 《유라시아 유목제국사》, 사계절, 1998.

보르지기다이 에르데니 바타르, 《팍스몽골리카와 고려》, 혜안, 2009.

스기야마 마사아키, 임대희·김장구·양영우 옮김, 《몽골세계제국》, 신서원, 1999.

장폴 루 지음, 김소라 옮김, 《칭기즈 칸과 몽골 제국》, 시공사, 2008.

잭 웨더포드 지음, 정영목 옮김, 《칭기스칸, 잠든 유럽을 깨우다》, 사계절, 2005.

티모시메이 지음, 신우철 옮김, 《칭기즈 칸의 세계화 전략 몽골병법》, 대성닷컴, 2009.

彭世乾 지음, 김순규 편역, 《몽골군의 전략·전술》, 국방군사연구소, 1997.

V.A. 랴자노프스키 지음, 서병국 옮김, 《몽골의 관습과 법》, 혜안, 1996.

● 논문, 기타 자료

강진철, 〈몽고의 침입에 대한 항쟁〉, 《한국사》 7, 국사편찬위원회, 1973.

고병익, 〈몽고·고려의 형제맹약의 성격〉, 《백산학보》 제6호, 1969.

고철환, 〈강화도 갯벌 생태계의 현황과 보존 대책〉, 《누리와말씀》 제2호, 인천가톨릭
대학교, 1997.

김기덕, 〈강화사 연구의 쟁점들〉, 《고려시대 강화도읍사의 재조명》, 인천가톨릭대학
교, 2000.

김당택, 〈고려 최씨무인정권과 국왕〉, 《한국학보》 42, 1986.

김당택, 〈임연정권과 고려의 개경환도〉, 《이기백선생고희기념논총》, 1994.

김상기, 〈삼별초와 그의 난에 취하야〉, 《진단학보》 9·10·13, 1938·1939·1941.

김수미, 〈고려무인정권기의 야별초〉, 《고려무인정권연구》, 서강대학교출판부, 1995.

김윤곤, 〈강화천도의 배경에 관하여〉, 《대구사학》 제15·16집, 1978.

_____, 〈삼별초의 대몽항전과 지방 군현민〉, 《동양문화》 20·21, 1981.

_____, 〈강화경판 '고려대장경'의 조성에 참여한 학승과 진사〉, 《고려 팔만대장경과
강화도》, 새얼문화재단, 2001.

김윤미, 〈강화도 취락의 입지와 분포 변화에 관한 연구〉, 한양대학교 대학원 석사학위
논문, 2004.

김창현, 〈고려시대 강화의 궁궐과 관부〉, 《국사관논총》 제106집, 2005.

김창현, 박종진, 신안식의 토론글, 《고려시대 강화도읍사의 재조명》, 인천가톨릭대학
교, 2000.

문화재청, 〈고려 삼별초 바닷속에서 깨어나다〉, 보도자료, 2011.10.6.

민병하, 〈삼별초〉, 《한국사》 7, 국사편찬위원회, 1973.

민현구, 〈몽고군·김방경·삼별초〉, 《한국사시민강좌》 제8집, 1991.

박광성, 〈손돌항에 대하여〉, 《기전문화연구》 제9집, 1978.

박원길, 〈몽골의 친환경적 사상에 대한 역사적 고찰〉, 《몽골학》 제29호, 2010.

_____, 〈이갑의《연행기사》몽골관계 기록의 분석〉, 《한국에서의 몽골학 연구》, 2011.

박창희, 〈무인정권시대의 문인〉, 《한국사》 7, 국사편찬위원회, 1981.

범선규, 〈강화도의 수리시설과 수리체계〉, 《인천학연구》 2-2, 인천대학교 인천학연구원, 2003.

손현숙, 〈몽고의 상속 관행에 대하여—특히 몽고제국기를 중심으로—〉, 《동양사학연구》 제16집, 1981.

신안식, 〈대몽항쟁기 민의 동향〉, 《역사와현실》 제7호, 한국역사연구회, 1992.

_____, 〈고려 최씨무신정권의 대몽강화교섭에 대한 일고찰〉, 《국사관논총》 45, 1993.

윤명철, 〈고려의 강화천도와 대몽항쟁의 해양적 성격〉, 《고려시대 강화도읍사의 재조명》, 인천가톨릭대학교, 2000.

윤용혁, 〈최씨무인정권의 대몽항전자세〉, 《사총》 21·22 합집, 1977.

_____, 〈고려의 해도입보책과 몽고의 전략변화—여몽전쟁 전개의 일양상—〉, 《역사교육》 32, 1982.

_____, 〈대몽항쟁기 고려무인정권의 강도생활〉, 《최영희 선생 화갑기념 한국사학논총》, 1987.

_____, 〈몽고 침입에 대한 항쟁〉, 《한국사》 20, 국사편찬위원회, 1994.

_____, 〈1232년 용인 처인성에서의 대몽승첩〉, 《고려시대의 용인》, 용인시·용인문화원, 1998.

_____, 〈고려시대 강도의 개발과 도시정비〉, 《고려시대 강화도읍사의 재조명》, 인천가톨릭대학교, 2000.

_____, 〈고려 강화도성의 성곽 연구〉, 《국사관논총》 제106집, 2005.

윤은숙, 〈《몽골비사》와 〈집사〉에 나타난 몽골 제국 초기 분봉의 특징〉, 《강원사학》 22·23, 2008.

이경수, 〈고려 대몽항쟁기 강도정부의 유지배경〉, 서강대학교 교육대학원 석사학위논문, 2000.

이민웅, 〈18세기 강화도 수비체제의 강화〉, 《한국사론》 34, 1995.

왜 몽골 제국은 강화도를 치지 못했는가

이상선, 〈고려시대 강화의 역사적 위상과 문화〉, 《누리와말씀》 제2호, 인천가톨릭대학
　　교, 1997.

이원식, 〈우리나라 전통 韓船의 구조와 조선기술의 발달〉, 《문화재사랑》 73, 문화재청,
　　2010.

이익주, 〈고려후기 몽고 침입과 민중항쟁의 성격〉, 《역사비평》 24, 1994.

_____, 〈고려 대몽항쟁기 강화론의 연구〉, 《역사학보》 제151집, 1996.

이정신, 〈농민·천민의 봉기〉, 《한국사》 20, 국사편찬위원회, 1994.

주채혁, 〈몽골-고려사 연구의 재검토—몽골·고려 전쟁사 연구의 시각문제—〉, 《애
　　산학보》 제8집, 1989.

_____ 〈몽골-고려사 연구의 재검토—몽골-고려사의 성격문제—〉, 《국사관논총》
　　제8집, 1989.

_____, 〈撒禮塔(Sartai)와 몽골-고려전쟁〉, 《고려시대의 용인》, 용인시·용인문화원,
　　1998.

차용걸, 〈처인성터의 구조와 성격〉, 《고려시대의 용인》, 용인시·용인문화원, 1998.

최항순, 〈우리 조선기술의 DNA 韓船을 말하다〉, 《문화재사랑》 73, 문화재청, 2010.

● 인터넷 사이트

강화역사문화연구소 www.ganghwado.org

국사편찬위원회 www.history.go.kr

문화재청 www.cha.go.kr

한국고전번역원 www.itkc.or.kr

한국역사정보통합시스템 www.koreanhistory.or.kr

한국학중앙연구원 www.aks.ac.kr

찾아보기

왜 몽골 제국은 강화도를 치지 못했는가

왜 몽골 제국은 강화도를 치지 못했는가

왜 몽골 제국은 강화도를 치지 못했는가

⊙ 2014년 3월 3일 초판 1쇄 발행
⊙ 2016년 1월 27일 초판 3쇄 발행
⊙ 글쓴이   이경수
⊙ 발행인   박혜숙
⊙ 영업 · 제작   변재원
⊙ 펴낸곳 도서출판 푸른역사
   우 03044 서울시 종로구 자하문로8길 13
   전화: 02)720-8921(편집부) 02)720-8920(영업부)
   팩스: 02)720-9887
   전자우편: 2013history@naver.com
   등록: 1997년 2월 14일 제13-483호

ISBN   979-11-5612-007-0   03900